Un lugar en su sitio

Hugo Gaggiotti

Un lugar en su sitio
Narrativas y organización cultural urbana
en el espacio latinoamericano

DOBLE J

Colección Ciencias Sociales

Ilustración de cubierta: Pepa Peláez González, 2006

Para la presente edición:
© Editorial Doble J, S.L.
C/ Montevideo 14, 41003 Sevilla
www.culturamoderna.com
editorialdoblej@editorialdoblej.com

ISBN: 84-933265-9-3
Diseño y concepción gráfica:
Pedro J. Crespo. Estudio de Diseño Editorial (Sevilla).

Índice general

6   *Hugo Gaggiotti*

Prólogo
Lugar y representación:
la construcción de una ciudad latinoamericana

Hugo Gaggiotti realiza una importante aportación a uno de los grandes temas de la historia del pensamiento urbanológico, que tiene a Max Weber como gran predecesor y a Louis Wirth como el más importante impulsor: la delimitación de la ciudad, el establecimiento de aquella manera de vivir específicamente urbana, es decir, el urbanismo como estilo de vida.

Metodológicamente, la manera de proceder de Gaggiotti resulta impecable, ya que para poner a prueba el mismo concepto de ciudad y de urbanismo selecciona, como objeto de análisis, lo que podríamos denominar, en principio, una anti-ciudad. Santa Rosa, efectivamente, se constituye a partir de la concentración residencial de una serie de colonos y propietarios de las estancias y lotes de tierras de colonización que surgen como resultado de la ocupación de una parte de los vastos territorios de pampa de La Pampa. Se trata de un territorio ganado por el ejército argentino a las comunidades originarias en una campaña de finales del siglo XIX, en la que algunos de los propios militares que participaron en la ocupación devienen después grandes propietarios y coartífices de la organización del territorio y de sus actividades productivas.

Una de las características de este territorio, que lo construyen simbólicamente como un no-lugar, es que se constituye en una frontera. Se trata de una frontera compleja y polisémica: es la frontera de la civilización frente a la barbarie indígena, pero también se le atribuye el significado de la frontera entre los argentinos arraigados frente a los nuevos colonos recién llegados desde Europa. También constituye una frontera ganadera y con ello, se establece la divisoria entre las tierras cultas y aprovechadas y las tierras salvajes e incultas.

En el análisis de Gaggiotti, fundamentado en la recuperación documental y etnográfica del discurso de la memoria, se busca la contrastación entre las visiones y predicados del discurso hegemónico capitalino bonaerense y el lento proceso de consolidación de un discurso propio, basado en un sentimiento de lugar y de pertenencia. La formación de este discurso propio de/para La Pampa y Santa Rosa constituye un proceso lento y contradictorio. Los líderes e intelectuales locales interpretan y asignan significados, más de manera contrastiva, frente al discurso hegemónico, que de forma autónoma. La sombra de Buenos Aires, entendida como el canon, pende permanentemente sobre las conciencias y las visiones de estos pioneros de la colonización del Oeste argentino. Pero, a diferencia de la «acción civilizadora» de sus congéneres norteamericanos, que no parten de una concepción o modelo preestablecido de urbanismo, los nuevos santarroseños sí actúan sobre la base de un modelo de ciudad y de ocupación territorial que tiene a Buenos Aires como referente y a más de tres siglos de proceso colonial como antecedente.

La aparición de esta nueva frontera en La Pampa en los años finiseculares, junto a la llegada posterior de millones de inmigrantes de origen europeo (italianos y españoles preferentemente) constituía una oportunidad para Argentina para equilibrar la distribución territorial de su demografía, superando la tendencia a la macrocefalia heredada de la experiencia colonial. Sin embargo, lejos de producirse este reajuste, la capital fue creciendo y creciendo hasta nuestros días, de manera que resulta casi imposible desterrar la identificación «Argentina es Buenos Aires». De manera inevitable, cualquier realidad o forma urbana en el seno de la nación deberá confrontarse con el canon absoluto de la capital. La Pampa, en este contexto, no puede ser más que una realidad rural y, por tanto, sus núcleos urbanizados no dejarán nunca de ser meros «pueblos» por correspondencia con el archimodelo de ciudad. Al mismo tiempo, en términos civilizatorios, todo territorio de frontera queda automáticamente contaminado de los atributos que lo caracterizan como lugar ignoto y salvaje, como confín de la civilización. De ahí los esfuerzos de los santarroseños por romper con la categoría genérica de Pampa y establecer una subdivisión del territorio, para reivindicar la Pampa productiva y «civilizada» frente a la Pampa interior, desértica e improductiva.

Uno de los aspectos más interesantes del trabajo de Gaggiotti consiste en la delimitación y documentación del proceso de «invención de la tradición», por usar el término consagrado por Hobsbawm. En la década de los años 40 del siglo XX, los santarroseños escriben por primera vez sobre la historia del lugar, sobre los pioneros, sobre la forja de la ciudad y de sus símbolos. Se establece una fecha fundacional (1892) y un sujeto protagonista de la fundación (Tomás Mason) y se realizan en la ciudad una serie de modificaciones en la ubicación de las estatuas y monumentos conmemorativos. Se ordena el espacio simbólico sobre la base de un orden ya propio, autónomo, autoconsciente de una identidad, finalmente cristalizada.

Aun revestido de un halo de ambigüedad, ese nuevo orden local incorpora en su simbología elementos del pasado indígena, que no parecen provocar adhesión ni rechazo, sino una simple neutralidad. El Hotel Calfucurá o las calles Mariano Rosas o Quemú Quemú son evidencia de un encuentro, de un cruce y, posiblemente, de alguna forma de hibridación. Pero en el discurso de los santarroseños no aparecen como elementos connotados, ni siquiera reivindicados. La negación de lo indígena en Argentina posee caminos propios, que no tienen parangón con otros países de América Latina.

La recuperación de la memoria, la creación de un panteón de personajes célebres, así como la afirmación de una identidad autónoma son los medios para que una ciudad tome conciencia de sí misma como realidad autónoma y como proyecto colectivo independiente. Qué pocas etnografías urbanas poseemos todavía de pueblos-ciudad o de agro-ciudades, a un lado y otro del Atlántico. Como señalaba Fox, hace ya más de 30 años, los antropólogos han optado casi siempre por el estudio de la marginación urbana y por los mismos procesos de urbanización, siempre en las grandes urbes. Y, sin embargo, como criticaba Leeds hace también bastantes años, es muy poco lo que sabemos de los sistemas urbanos, esto es, del sistema de flujos y redes que construyen una nación, a través de los dispositivos centralizadores de un sistema de ciudades o núcleos de población, que cumplen funciones específicas dentro del conjunto del sistema.

Sin duda, el valioso trabajo de Gaggiotti contribuye de manera significativa a reparar este descuido y, al mismo tiempo, introduce en su análisis sugerencias prometedoras que, más allá de la ampliación de nuestros horizontes de conocimiento urbanológico, realizan importantes aportaciones al conocimiento de los sistemas simbólicos y políticos, que tan útiles pueden ser para ulteriores trabajos comparativos, tanto en el ámbito latinoamericano como transatlántico.

Joan J. Pujadas
Universidad Rovira y Virgili
Tarragona, 2 de febrero de 2006

Hugo Gaggiotti

Un lugar en su sitio
Narrativas y organización cultural urbana en el espacio latinoamericano

Agradecimientos
(recuerdos y críticas desde el campo urbano)

Este libro es el resultado del trabajo realizado entre 1990 y 1996 en el marco de proyectos de investigación desarrollados en el Consejo Nacional de Investigaciones Científicas de Argentina. Fue gracias al soporte financiero del CONICET que pude trabajar en Santa Rosa como investigador, dictar clases en la Universidad Nacional de La Pampa, asistir a reuniones científicas en las cuales debatir los resultados preliminares de mis trabajos y publicar avances provisorios.

Casi todos los temas que se abordan en este trabajo han sido debatidos en foros formales e informales, leídos por personas o comentados de distinta manera. No recuerdo todos los nombres de las personas que ayudaron en este texto con sus comentarios, pero sí a algunos de aquellos que formaron parte de ciertos momentos críticos; en los estudios organizacionales, en antropología urbana y en muchas disciplinas, los momentos críticos suelen ser los más provechosos. Me vienen a la memoria aquellos que leyeron una forma que adquirió este trabajo como investigación doctoral y que me dieron un punto de vista que como etnógrafo, ya parte indisoluble del «campo», yo ya no conseguía tener; entre tantos, Joan Bestard y Claudio Esteva Fabregat de la Universidad de Barcelona, Marilyn Strathern y David Lehmann de la Universidad de Cambridge, Hilda Sabato, Noemí Goldman y Elvira Arnoux de la Universidad de Buenos Aires, Teresa Carbó Pérez del CIESAS de México y Jorge Vergara de la Universidad de Chile; me acuerdo con insistencia de Christine Garsten de la Universidad de Estocolmo, quizás por la curiosidad que despertó en ella la organización de una ciudad casi desde la nada, como Santa Rosa y por lo informal y provechoso de nuestras conversaciones.

También supongo por su contenido crítico, en este caso, financiero, recuerdo otras ayudas. El trabajo de campo y la investigación fueron posibles, además del CONICET, por el apoyo económico de la Comisión Fulbright, la Organización de Estados Americanos, el Instituto de Cooperación Iberoamericana, la American Studies Association y el programa Erasmus de la Unión Europea. La publicación ha sido posible gracias al apoyo económico de Geocrítica, de la Universidad de Barcelona y del CONICET.

De la misma manera que los santarroseños realizan sus prácticas culturales urbanas muchas veces sobre la base de textos y recuerdos, he aprendido de ellos a recordar la ciudad en la práctica. Creo que finalmente he entendido algo de esa perturbable presencia inmaterial de la ciudad en muchos de los que vivimos en ciudades. Amigos como la familia Datri (especialmente Tonio y Leonardo Santesteban) del Diario La Arena, Julio Arnaud, de la Dirección Provincial de Catastro y Geodesia de la Provincia de La Pampa, Norma Medus y Silvia Crochetti, del Archivo Histórico Provincial de Santa Rosa; amigos como Edgardo, que me alojó muchas veces en su casa en Santa Rosa y Marta, a quien sigo añorando desde la distancia, y a tantos otros colegas de la universidad, pero especialmente a aquellos que no puedo mencionar, todos «vecinos», con quienes fui, en un lugar y en un momento, santarroseño.

La crítica y lo crítico de este trabajo cobran otra forma en mi memoria bajo la forma de Horacio Capel, con quien además de trabajar en la tesis doctoral que una vez tuvo relación con este texto, compartí la creación y puesta en marcha hasta 2002 del portal «Geocrítica»; la perseverancia y entusiasmo de Capel han conseguido transformar Georítica en un espacio de referencia híbrido virtual/presencial para muchos colegas. No pensamos con Horacio que esto sucedería, pero así fue.

Diana Marre es la persona que deja de ser un recuerdo. Ella sabe como nadie de qué hablo y escribo aquí. A ella agradezco su honestidad intelectual y su cariño.

1.
Entre la espada y la pared: ciudades en medio de la «nada»

La indiferencia hacia el espacio y la preferencia por el tiempo manifestadas por los historiadores no provienen sin embargo de una elección consciente, metodológica o doctrinal. El olvido del espacio es, antes que nada, una facilidad técnica. En efecto, el tiempo es una dimensión lineal, que define perfectamente una variable numérica simple: la fecha. El espacio terrestre no es una dimensión, sino dos (Todd, 1995: 24).

El segundo país más extenso de América del Sur es Argentina. Una cuarta parte de este país está ocupado por una llanura conocida como *pampa*. Un estado provincial de este país se llama *La Pampa*, pero no toda *La Pampa* es la *pampa*. La capital de este estado provincial, es la ciudad de *Santa Rosa*.

En 1986 llegué a Santa Rosa desde Buenos Aires para trabajar en la universidad e investigar. Hasta ese momento, *la pampa* sólo había sido para mí un lugar de paso o un «no lugar», en términos de Marc Augé (1993) hacia la cordillera, un mundo imaginado de grandes extensiones desiertas, inabarcable, vacío y diametralmente contrapuesto al húmedo litoral rioplatense, denso, urbano e industrializado. Un colega de la universidad en Santa Rosa me comentó al respecto.

«Cuando te adentrás [te internas] en el Oeste, ahí es cuando ves lo grande que es la pampa.»[1]

---

[1]   Entrevista a EV.

Santa Rosa, de hecho, era en realidad *Santa Rosa-La Pampa*, una asociación casi inconsciente que me venía a la mente al enumerar una a una las capitales de provincia de *nuestra República* en las lecciones escolares de geografía. Sólo recordaba, de anteriores viajes, una ciudad atravesada por el viento y la arena y un taller del Automóvil Club Argentino en el cual parábamos para reabastecernos de camino hacia la cordillera en las vacaciones de invierno.

La *Pampa*, asociando el nombre provincial de *La Pampa* a la *pampa*, debía ser, suponía, un mundo ganadero y rural *dependiente de Buenos Aires*, que tendría que ver con el gaucho, las vacas y el «ombú», ese árbol mítico que después supe inexistente entre los propios pampeanos, algo que muchos de ellos aclaran inmediatamente al recién llegado. Instintivamente, recuerdo, vinculaba la ruralidad, las grandes extensiones ganaderas y las verdes pasturas donde «debería» estar presente aquel árbol que todo argentino (posiblemente, todo porteño) recuerda misteriosamente a partir de una difundida poesía (y no de haber visto nunca el árbol):

Buenos Aires, patria hermosa;
tiene la pampa grandiosa;
la pampa, tiene el ombú.[2]

Con el tiempo y en cuanto empecé a vivir entre los santarroseños descubrí que, al contrario de mis suposiciones, me encontraba en una sociedad urbana compleja. Una ciudad con un orden planificado, un conjunto de servicios de mantenimiento público que significaban una contribución económica permanente, una circulación dinámica de bienes y servicios y un mundo construido que difícilmente podría considerar un «no lugar». Además, presenciaba una vida social articulada, de fuertes pugnas, de discursos entrecruzados de política partidaria, de debates difíciles, complejos, de narraciones retrospectivas. Unas aspiraciones socioeconómicas y de estándar de vida muy por encima de concentraciones urbanas de envergadura.

También comencé a reconocer que poco había conseguido desterrar de mi mente las representaciones que, antes de conocerla,

---

[2] Domínguez, L. 1843. *El ombú.*

tenía de *Santa Rosa* y de *La Pampa*. Salvo el «ombú», que no veía por ninguna parte y que al poco tiempo me convencieron de que dejara de buscar, seguía creyendo en todo lo que creía antes de llegar, en lo que había supuesto, vivido esporádicamente de pasada por el lugar, o en lo que había escuchado decir en Buenos Aires.

¿Tenía que ver con mi propia experiencia? No parecía; de hecho no era la ciudad que yo vivía cotidianamente. Mi impresión era, en cambio, que existía una yuxtaposición de referencias (textos, imágenes, monumentos) que resultaba, a la hora de definir *La Pampa* y *Santa Rosa*, en una suma de estereotipos, clichés, palabras, dichos, pequeñas historias de ruralidad, dependencia con el mundo agropecuario, de marginalidad, escasez, sumisión, lejanía y pobreza. Fui descubriendo que, desde en el mismo escudo de la provincia, hasta en los nombres de las calles y monumentos, existían referencias, o bien a una excluyente ruralidad, o bien a una permanente marginalidad. ¿Con respecto a qué? ¿A qué se debía ese contraste? ¿Cuánto de personal y cuánto de colectivo tenía que ver con su difusión? ¿Cuán reciente y cuán local sería su origen?

Durante mi vida entre los santarroseños comprobé que es difícil imaginar el momento en el que la historia espacial local de la llanura fue independiente de la historia de Buenos Aires. Como en otras ciudades de América Latina, la forma de ordenamiento y de concepción del espacio que los santarroseños llevaron a cabo ha sido, también, la que se distribuyó desde otra ciudad. Como bien lo sugieren algunos estudios antropológicos, es necesario remontarse a los pueblos seminómadas para que, en el caso de la llanura rioplatense, pueda apreciarse una concepción del tiempo y del espacio distinta a la que Buenos Aires estableció y difundió. También es cierto que en la época en la que el mundo colonial rioplatense giraba en torno al Alto Perú, parte del espacio de la llanura se pudo especificar de manera distinta. Sin embargo, esto dejó de ser cierto, al menos, a partir de la segunda mitad del siglo XVIII. A partir de ese momento, Buenos Aires organizó la llanura, le especificó una función y escribió una historia sobre ella.

La historia de la ciudad está ligada a la historia de la llanura, y la historia de la llanura se remonta, en su antigüedad más lejana, a un sólo punto, el nacimiento y la fundación del puerto de Buenos Aires. Los referentes de la ciudad son aquellos que la historia de la,

primero, capital del Virreinato del Río de la Plata y, luego, capital
de la nación, fijó en la memoria y, junto con los referentes, una
concepción general del espacio, su distribución, su temporalidad
y, especialmente, su categorización.

Frente al peso de la densidad histórico-cultural de Buenos Aires
ciertas actitudes de connotación de los ámbitos no son nimieda-
des imperceptibles: que las columnas de alumbrado de la Plaza de
Santa Rosa sean las mismas que las de las plazas de Buenos Aires o
que la sede del Gobierno local fuese diseñada por técnicos porteños, es una forma de la jerarquización, de *unir* la suerte de Santa
Rosa a la de Buenos Aires. Pero esta búsqueda de jerarquización,
vinculando Santa Rosa con la capital del país, se expresa también
como una «injusticia». ¿Esta «injusticia» que *se dice* en Santa Rosa,
formará parte del ethos urbano santarroseño o será sólo una expresión superficial?

Puede sospecharse que esta forma de jerarquizarse extralocalmente indica otra cuestión más importante. Se trataría de la adscripción que ese espacio representado, controlado, utilizado para
los fines locales de la élite de Buenos Aires —que, históricamente,
y como en toda Latinoamérica, también han sido extralocales a
ella misma, es decir, en último término, ultramarinos—, produjo
en ciudades como Santa Rosa. En definitiva, podría tratarse de
una cuestión de identidad: «santarroseño», «pampeano», ¿qué significó y qué significa en la llanura rioplatense? Sin embargo, este
problema escapa a los límites de este trabajo y, de hecho, no creo
que la aproximación que se realiza aquí pueda explicar un fenómeno tan complejo y que puede ser abordado de tantas maneras a
la vez. En esta versión de mi trabajo de campo en Santa Rosa me
he centrado en las posibles conexiones de cómo el espacio se representa y cómo se construye, sin desconocer que, detrás de estas
cuestiones, pueden subyacer otras muy importantes, como la de
la identidad urbana.

Es el uso de la lengua un patrón básico que algunos antropólogos parece que hemos acordado, en la historia de nuestra disciplina, para vincular la pertenencia y la localización espacial con un
pasado común (Helweg, 1996: 357-372). Por esto este trabajo
basa su estructura en las *palabras* que los santarroseños usan a
través del tiempo para explicar y definir Santa Rosa con relación

al lugar que ocupan y, más que en las palabras en sí mismas, el orden que se les dan y los distintos significados con que fueron utilizadas y en algunos casos siguen siendo utilizadas en la práctica hoy en día.

Las dos principales técnicas de trabajo de campo utilizadas en este trabajo son la observación participante y la entrevista, complementadas ambas con el análisis narrativo documental, especialmente de la prensa escrita. La elección de estas técnicas obedece a mi intención de mantener las voces locales y mostrar esa yuxtaposición, ese mosaico de sentido que se crea en la práctica y en la acción en Santa Rosa entre lo escrito, lo hablado y lo que se dice recordar que se escribía y decía en el pasado a partir de su testimonio en el presente. De allí que en este trabajo se citen, además de las entrevistas, fragmentos de textos periodísticos, textos literarios, manuales escolares usados en Santa Rosa, conmemoraciones, debates municipales y mis propias notas de campo. La idea de este enfoque es la de tratar de ver la ciudad, no como una organización formal, sino procurar entenderla como multi-organizacional (Czarniawska, 2002: 4), un espacio resultante de la pugna discursiva y de la interpretación y materialización física del pasado y del presente.

El enfoque y la aproximación aplicada obedecen a la comparación permanente desde la perspectiva definida por Strauss y Corbin (1990) en su teoría de campo. De allí que las unidades del discurso y las prácticas sociales en la construcción de la ciudad por parte de los santarroseños son el resultado del análisis y no el punto de partida de este.

Un ejemplo de ellos es la insistente jerarquización extralocal —*unir*, a través de un discurso urbano, Santa Rosa con Buenos Aires, algo omnipresente en los santarroseños— lo que puede sugerir también otros temas que sólo quedan esbozados en este trabajo. Por ejemplo, ¿cómo habrá incidido esta *forma de decir el espacio* cuando Santa Rosa se transformaba debido a los cambios administrativos, económicos, políticos y demográficos que modificaban la llanura? Incluso cuestiones derivadas de esta investigación podrían dar pie a futuras líneas de trabajo. En caso de que se pueda comprobar que haya existido una permanente referencia a Buenos Aires y a la pampa a la hora de hacer referencias a Santa

Rosa, convendría estudiar los mecanismos por los cuales esta sociedad se pensó a sí misma de manera original, o si tuvo alguna participación en la decisión acerca de su porvenir. De hecho, y a la vista de la consolidación de Santa Rosa como una ciudad compleja y dinámica, ¿hasta qué punto puede decirse que una presunta referencia permanente a otros espacios para su propia definición —si se comprueba que esta referenciación hubiera existido— ha sido una desventaja para Santa Rosa?

2

Cómo organizar ciudades con palabras

CC: Nosotros somos descendientes de catalanes. Acá hay muchos
catalanes ... en Santa Rosa. Algunos somos de toda la vida ... otros
no son de acá, llegaron después. En mi casa se siguen haciendo
en algunas fechas, panillets y mi madre me enseñó a hacerlos. Si
querés venís un día a casa y los probás. Te van a gustar
HG: ¿Son como el mazapán?
CC: No, son más ricos. Son distintos.[1]

La relación entre espacio y sociedad en la Argentina tiene un momento conflictivo que puede ubicarse a fines de la última década
del siglo diecinueve. La inmigración masiva planteó una disyuntiva para los grupos dominantes: por un lado, el convencimiento
acerca de la necesidad de una ampliación de la base demográfica
como condición para la realización de, lo que se ha señalado con
acierto, un «proyecto de nación» (Zimmermann, 1993; Halperín
Donghi, 1980a); pero, a la vez, un paulatino crecimiento de la
desconfianza de esa élite hacia sus propias fuerzas de control, un
temor a «cambios» profundos que pudieran minar la base de una
(supuesta) «argentinidad».[2]

Argentina, de hecho, no escapaba a una problemática común a
la de otros países receptores de una fuerte inmigración ultrama-

---

[1]   CC. Santa Rosa, 2000.
[2]   Algunos trabajos que se consideran fundamentales de Alsina (1910), Biagini (1980), Botana (1984, 1985), Cortés Conde (1979), Cortés Conde y Gallo (1973), Chiaramonte (1971, 1989), Di Tella y Halperín Donghi (comps.)
(1969), Gorostegui de Torres (1984), Halperín Donghi (1980b, 1987), Jitrik
(1978), Jones (1980), Kaplan (1986), Panettieri (1986), Peña (1972), Romero
(1987, 1989), Sabato (1988), Weinberg (1960).

rina, con grandes áreas destinadas al poblamiento y con fuertes
necesidades de integración de su economía al mercado internacional. Entre 1870 y 1914 llegaron a la Argentina alrededor de
seis millones de personas de las cuales aproximadamente la mitad
se asentó en forma permanente. En 1914 casi un tercio de la población del país (29,8%) había nacido en el extranjero, siendo los
italianos y españoles casi un 80% de ese total. Pero, más allá de
esta gran oleada, la inquietud parece haberse relacionado sobre
todo con la distribución de esta «nueva» población. Un país con
un territorio políticamente consolidado de vastas proporciones
e ínfimamente poblado no debería ofrecer problemas para una
distribución homogénea en el contexto de un crecimiento económico explosivo. Sin embargo, fuera de lo previsto, el proceso
inmigratorio concentró la población en centros urbanos. Hacia
el cambio de siglo la tasa de población urbana de la Argentina
se había elevado notablemente: de 42,8% en 1895 al 57,3% en
1914 (la misma tasa en los Estados Unidos en 1910 era de 46,3
y en Gran Bretaña en 1850 era del 55 %). Entre 1895 y 1914
la población de la ciudad de Buenos Aires creció de 660.000
habitantes a 1.570.000 habitantes. La tasa anual de crecimiento
demográfico de la ciudad entre 1904 y 1909 (5,8%) era, con
excepción de Hamburgo (6,1%), la más alta del mundo occidental.

Al igual que en otros países, la densificación acentuó los des-
ajustes sociales de las ciudades. Muchos trabajos enfocados desde
este ángulo han mostrado que el trabajo urbano produjo fuertes
desigualdades (Sabato y Romero, 1990), el hacinamiento prolife-
ró y degradó la vida cotidiana (Hardoy, 1984), la alta concentración favoreció el incremento de las enfermedades (Armus, 1984)
y aumentó considerablemente la criminalidad y la prostitución
(Guy, 1994). La presunta evidencia de una irreparable diversidad
cultural, ligada a los diferentes orígenes de la inmigración y a los
abismos sociales que se produjeron, sugirió el hecho de que la
homogeneización religiosa y racial —vaticinada a fines del siglo
XIX desde los círculos oficiales— había ya desaparecido para la
década del diez (Alsina, 1910) y, por lo tanto, ponía en cuestión la
posibilidad de una identificación colectiva uniforme. Podría pensarse que no habría habido, en la Argentina de principios de siglo,

ninguna forma de identificación colectiva, aún en los niveles más primitivos de la adscripción espacial.

Aunque las ciudades iberoamericanas, en general, y argentinas, en particular, que ya existían con anterioridad a la inmigración masiva han sido bastante estudiadas, especialmente desde el momento de la aparición de los denominados «problemas» derivados de la inmigración, las prácticas discursivas y culturales urbanas en las ciudades nuevas creadas a partir y por la inmigración son prácticamente desconocidas. Tres problemas pueden definirse en la aproximación a estas sociedades:

El primero es que los trabajos que estudiaron la relación entre inmigración y espacio en estas ciudades, especialmente para el caso de la llanura rioplatense argentina, no han puesto énfasis en la articulación entre cultura, ideología y representación del espacio que debieron implementar las sociedades urbanas nuevas de los que llegaron a la llanura. Por el contrario, más bien se ha destacado la relación entre un colectivo de origen —considerado, desde luego, por *nacionalidades*— y uno receptor, también pensado como ya establecido.[3]

En segundo lugar, muchos trabajos han visto la *llanura* u otros espacios latinoamericanos como la *sabana*, la *selva* o la *meseta* sólo como espacios físicos que no fueron utilizados ideológicamente para la creación de un mundo particular en el cual los inmigrantes

[3] Con respecto a las ciudades de América Latina, ver los trabajos de Hardoy (1972a) y Romero (1987). Para reflexiones sobre el caso argentino, ver Scobie (1964), Halperín (1985) y Halperín (1987). Para al caso general de la ciudad de Buenos Aires, pueden verse Barrán y otros (1984), Gutiérrez, L. y González R. (1984). Para trabajos referidos a problemas más puntuales sobre la ciudad de Buenos Aires ver Lavira y otros (1987). Para un trabajo orientado en esta misma problemática pero sobre la ciudad de Cochabamba, Bolivia, puede verse el interesante trabajo de Rodríguez Ostria y otros (1991). Para un ejemplo sobre el discurso identificatorio en la ciudad de Lima, Perú, existe el trabajo pionero de Ortega (1985). Para el estudio de los elementos de la cultura urbana en Brasil, ver Velho (1985). Un trabajo sobre el caso de la ciudad de Montevideo, Uruguay, en relación a esta perspectiva puede verse en Barrán, y Nahum (1984). En cuanto a reflexiones contemporáneas a la inmigración hacia Argentina, vista como problema de identidad, ver el trabajo fundador y referencia permanente en la historiografía de Alsina (1910).

debían y buscaban incorporarse. A pesar de que en las ciencias sociales existe la aceptación generalizada de que las ciudades son productos ligados a la construcción nacional, poco se ha trabajado en este sentido en las sociedades urbanas de estos espacios en América Latina y, en particular, en el caso rioplatense, a pesar de que se sabe que los inmigrantes fueron culturalmente *seres urbanos* y participaron en la construcción de esa *cultura nacional* al crear, aparentemente de la nada, ciudades en las que vivir.

En tercer lugar, todo indica que no parece razonable suponer que las representaciones espaciales eran difusas o «no lugares», no sólo entre los inmigrantes que llegaban (Lewis, 1995: 349) sino también entre los que los recibían en estos lugares. De hecho, para el caso rioplatense, la historia social urbana de la llanura del Río de la Plata tenía, a fines del siglo XIX, más de trescientos años de antigüedad. Por su parte, los inmigrantes tenían una cultura urbana propia; no sólo sabían lo que era una plaza, una calle y un monumento, sino que también intuían su valor simbólico y su importancia a la hora de organizar y representar el espacio. A pesar de ello, generalmente se ha estudiado la creación y articulación de las ideas que tuvieron su origen y se consolidaron en Argentina desde fines del siglo XIX con el objetivo de la creación de una «nación argentina»; sin embargo, son casi inexistentes los trabajos que han relacionado la creación de la nación con las ciudades nuevas que organizaron y crearon los inmigrantes.

El fenómeno de las ciudades «nuevas» latinoamericanas no sólo merece atención desde una perspectiva histórica. Estas ciudades parecen estar participando cada vez más en la dinámica económica y demográfica de los países. El mundo urbano reciente de la llanura rioplatense, por ejemplo, muestra el decrecimiento en el ritmo concentrador de su principal núcleo, el puerto de Buenos Aires, a la vez que un auge en, justamente, sus pueblos y ciudades intermedias.

Ahora bien, podría preguntarse hasta qué punto toda cuestión que involucre a estas ciudades no debería ser abordada tomando en cuenta una división entre lo que de ellas pueda ser considerado como urbano y lo que pueda ser considerado como rural. Como señaló Manuel Castells, la delimitación de las sociedades contemporáneas, ya no pasa por la separación ciudad/campo (Castells,

1979 [1974]: 106) y lo mismo podría decirse para el caso que trato en este trabajo. En las ciudades de la llanura rioplatense, estudiar *cómo se hacía referencia al espacio y qué palabras se usaban para ello* desde la división entre «mundos urbanos» y «mundos rurales» no es demasiado funcional.

En primer lugar, porque las ciudades iberoamericanas también nacieron en la diversidad y complejidad de funciones complementarias de una red. Centros comerciales, núcleos artesanos, culturales, militares, administrativos y de la más diversa índole, se complementaron acorde a una organización regional, oscilante y cambiante (Romero, 1987).

En segundo lugar puesto que, para el caso rioplatense, la existencia de ciudades no fue anterior a la presencia europea (como lo fue, en cambio, en algunas partes de Iberoamérica). Las ciudades de la llanura, en tanto que producto de la búsqueda de su integración, se formaron como una parte de ella. La ciudad de la llanura es una «urbanización de la llanura», donde el mundo del llano especifica una funcionalidad, ni urbana ni rural, sino especialmente diseñada según sus posibilidades y propósitos. Es además el resultado de la expansión de «la idea» que el occidente europeo hizo de su mundo urbano como única y exclusiva forma de organización espacial de la sociedad. Lo que Anthony King (1990) señaló como una «urbanización a la inglesa», que se generalizó como unida a la forma del «progreso» occidental tras la Revolución Industrial, fue también la «fórmula» a seguir, la «llave» que podía traer el desarrollo económico e industrial y el consecuente poderío internacional. Nadie ponía en cuestión durante el siglo XIX, especialmente la alejada élite de la llanura del Plata, tan influida por el mundo inglés, el mandato de construir sociedades urbanas tan «claramente» trazado por Gran Bretaña para Europa. Un dato es esencial para comprender este fenómeno. A partir de 1850 la urbanización de Gran Bretaña alcanza al 55 por ciento de su población activa. Alemania, para esa fecha, se encuentra ruralizada en un 65 por ciento y Francia en un 75 por ciento (Todd, 1995: 154).

Los santarroseños tampoco. El «mandato» de construir sociedades urbanas no constituyó sólo un aislado «proyecto» de las grandes élites. Su concreción exitosa y su actual vigencia demuestran un convencimiento que llegó más allá de la imposición limitada y transitoria; una materialización que podría haber tenido su incidencia posterior en, por ejemplo, el nivel de urbanización de Argentina, que es, en la actualidad, el primero de Sudamérica (Ferrer Regales, 1992).

De hecho, el mundo cultural inmigrante que llegó a muchos países de Latinoamérica y que se encargó de reproducir este mandato no llevó consigo los elementos de una ruralidad estanca y excluyente. Una parte del mundo cultural del inmigrante al Río de la Plata estaba constituido por elementos organizados en torno a sus experiencias en pueblos, villas y pequeñas ciudades, formas de la práctica cultural urbana que algunos autores definen como propia de la agrociudad mediterránea (López-Casero, 1979a); sociedades contemporáneas y, como tales, «sociedades urbanas», en palabras de Lefebvre:

«La concentración de población acompaña a la de los medios de producción. Las aglomeraciones pequeñas y medianas se encuentran cogidas en el tejido urbano que prolifera, excluidas las zonas estancadas o en proceso de extinción de los grandes países industrializados. Para los productores agrícolas se perfila en el horizonte la agrociudad. Una hipótesis y una posibilidad se imponen como punto de partida de la reflexión: la urbanización cien por cien» (Lefebvre, 1975 [1962]: 227).

Las élites locales, gestadas por los inmigrantes en las pequeñas ciudades de la llanura, concibieron al mundo urbano como un ejemplo «civilizatorio» y un modelo de sociedad. La idea de la ciudad como única forma prometedora de organización social no necesitó de una particular imposición ni de grandes esfuerzos para su adopción. Como señaló Castells, «la ideología urbana tiene profundas raíces sociales. No se limita a la tradición académica o a los medios del urbanismo oficial. Está, ante todo, en la cabeza de la gente.» (Castells, 1979: 107).

Para el caso latinoamericano trabajado aquí, el de la llanura rioplatense, la ciudad formaba parte del mundo de la llanura y no había forma de representar ese mundo sin incluir tanto a la ciudad como al campo. De hecho, parte de la funcionalidad de las ciudades de la llanura era la de conseguir articular un mundo posible, en el que «ciudades» y «campos» tuvieran una razón de ser. En este trabajo se describe esa articulación según se evidencia cuando se hace referencia al espacio y cuando se realizan las prácticas del dominio político, social y cultural. La ciudad de la llanura no sólo se ocupa de representarse a sí misma, sino también al mundo al que cree pertenecer.

El tema central que subyace en todo este trabajo es establecer, a través del estudio de una sociedad urbana nueva —*Santa Rosa*— de esa llanura argentina llamada *pampa*, como la conformación de una ciudad sólo fue posible a partir de la consolidación de un espacio, creado a partir de un consenso elemental que podría ser diagnosticado a partir del establecimiento de unas prácticas comunes. Un «acuerdo» sociocultural global impuesto y reproducido, que se habría concretado en una representación social del espacio, que a su vez es puesta en práctica sobre la base de palabras que tienen un significado previo —*pampa, ciudad*—; este discurso urbano, llevado al espacio físico de la ciudad es contrastado con una representación extralocal de la llanura toda, y luego vuelto a traer para hacer referencia al espacio local —*Santa Rosa-La Pampa* (Jacob, 1987: 204).

Este acuerdo local y extralocal para representar el espacio sirve para entender de qué manera se organizó el control socioespacial en el mundo urbano de la llanura y cómo el espacio que se estableció para ese mundo sirvió y sirve para que la llanura se ajuste apropiadamente y en consonancia con un proyecto dominante para la nación toda. La forma de consecución de este proyecto a nivel ideológico nacional es algo que se ha estudiado muy bien cuando el mundo rioplatense se consideró básicamente como un mundo rural organizado desde un puerto. No existen explicaciones de cómo ese proyecto se puso en práctica desde una perspectiva local.

2.1. El trabajo de «campo» (la ciudad)

Santa Rosa, en la actual provincia de La Pampa (Argentina) se «levanta» (término habitual del discurso geográfico santarroseño) a 620 kilómetros al sudoeste de Buenos Aires, en lo que se considera el límite de la funcionalización que el puerto de Buenos Aires hizo de la llanura, en el lugar donde *se ha dicho y se dice* que termina la llamada *pampa*:

> «Incluye la pampa del sudeste la dilatada planicie que se extiende al sur del Plata y de las provincias de Córdoba y Santa Fe, hasta Bahía Blanca y la costa del Atlántico. Es esta la pampa propiamente dicha, la pampa húmeda o del litoral, que se caracteriza por sus plantas herbáceas y sus gramíneas tiernas. No debe confundirse esta pampa del sudeste verde y regalada, con la pampa del sudoeste o pampa seca, que, lindando con aquella, ciñe parte de las provincias de La Pampa, Mendoza, San Juan, Catamarca, La Rioja, San Luis y parte de Córdoba y Santiago del Estero. Podrían considerarse separadas estas dos regiones por una línea imaginaria que partiendo de Bahía Blanca y pasando por Santa Rosa de Toay y Villa María y Mar Chiquita en Córdoba, pasa a terminar en la vera del Paraná al norte de la ciudad de Santa Fe» (Álzaga, 1955: 22).

Santa Rosa tiene importancia creciente en ese borde como centro urbano de alta concentración de población. Pero, en otro sentido, tiene una marcada diferencia demográfica con respecto a la capital Buenos Aires (ver *Cuadro 1*) aunque, a la vez, un nexo simbólico-político con aquella como «capital» de lo que fue primero «Territorio Nacional de La Pampa» y luego «Provincia de La Pampa».

La relación de Santa Rosa con ese espacio que finalmente consiguió «controlar» (un «territorio» nacional y, luego, una «provincia») es peculiar: *pampa*, el nombre de un ámbito indefinido geográficamente durante tres siglos en la historia del Río de la Plata, pero muy acotado discursivamente por la literatura y la historia argentina, fue utilizado para construir *La Pampa*, el nombre de una división política de un estado federal muy marginal con respecto a aquella *pampa*.

Esta arbitrariedad de imposición no pasó desapercibida localmente en Santa Rosa. Todavía en 1958, al escribirse el primer manual de geografía destinado a las escuelas provinciales, se acotaba que:

> «Otra cosa es la actual provincia homónima. Esta tiene muy poco que ver con la Pampa Central, el primer nombre que le fuera adjudicado al tomarse posesión del llamado 'desierto', porque no

Cuadro 1. Población de Buenos Aires y Santa Rosa y diferencia entre
ambas.

CIUDADES AÑOS	BUENOS AIRES (1)	SANTA ROSA (2)	(1)−(2)
1895	660.000	2.779	657.221
1914	1.570.000	6.942	1.563.058
1920	3.100.000	8.544	3.091.456
1942	4.643.000	15.000	4.628.000
1980	9.800.000	52.000	9.748.000
1990	11.295.000	88.000	11.207.000

Elaboración propia en base a datos censales 1895, 1914, 1947, 1960, 1970, 1980 y 1990. Las fechas intermedias fueron calculadas en base a documentos extra censales [ver Stieben (1942) para el caso de Santa Rosa] y por interpolación entre fechas.

ocupa el centro de la región pampásica, sino solamente una porción de este, en el rincón sudoeste. Ni se halla enteramente en esta región, porque la parte situada al oeste del Río Chadileuvú, no es de formación pampeana, sino patagónica en su mayor extensión» (Stieben, 1958: 11).

Santa Rosa es una ciudad de irremediables contrastes con el puerto de Buenos Aires, pero también de profundas diferencias tanto con respecto a aquella *Pampa* de la que es capital político-administrativa como con aquella otra *pampa* acuñada en la historia sociocultural rioplatense. Santa Rosa se diferencia del borde al que pertenece y sobre el que hegemoniza en la concentración de su riqueza económica y de su población de la misma manera que el puerto de Buenos Aires con respecto al resto de la llanura.

En este contexto, con el curso de los años, ha devenido en un topónimo, un sintagma referencial «*Santa Rosa-La Pampa*», que adscribe en toda la llanura rioplatense a un punto preciso, conocido o reconocido. Este «sintagma» presupone y da por conocida una referencia que vincula un espacio localizado y caracterizado como urbano, *Santa Rosa*-ciudad, con uno extralocal y extraurbano, *La Pampa*-la pampa. En él se concentra un vínculo que refleja la representación espacial que se ha venido imponiendo en la llanura rioplatense desde el siglo XIX y que ha dado lugar a la idea de la llanura tal y como se la reconoce hoy en día. De hecho, todavía hoy muchos viajeros extranjeros, incluso con formación académica, llegan a Santa Rosa para ver «la capital de la 'mítica' *pampa*».

La *pampa*, con su construcción establecida desde Buenos Aires definió la forma de concepción de *La Pampa* y, por extensión, de su mundo urbano, entre el cual se hallaba Santa Rosa, lo que es evidente en la cultura urbana de los santarroseños y en la selección, el uso de las palabras, sus prácticas culturales y la organización que dan a su ciudad, en suma, para realizar sus prácticas en el espacio y para construir su mundo cultural local.

3.
Construir lo local
en referencia a otros sitios

ZB: ¿Sabés qué Hugo? *Nosotros*, mi familia, somos de la pampa, somos del oeste...[1]

Nuestra pampa, la de Echeverría, reclamada por las musas y por Minerva, terminaba en Mercedes y en Areco (Molins, 1919: 12-13).

Ameghino encontró cinco clases de cuchillos diminutos, de piedra, en *nuestra pampa* (Martínez Estrada, 1985 [1933]: 50).

El que un espacio se «ocupe» y se diferencie socialmente es una idea que los primeros santarroseños pusieron en práctica ni bien llegados a la llanura rioplatense. En concordancia con la generalización que Buenos Aires había instrumentado para la ocupación de la *pampa*, los inmigrantes pusieron en práctica su propio modelo de *frontera* social, ya no con los indígenas que el puerto excluyó de su organización espacial, sino con el resto de los inmigrantes que provenían de distintas regiones que las propias. En la *Santa Rosa* de un santarroseño convergen, por lo tanto, una multiplicidad de *fronteras* que se complementan, que no se vinculan a una *frontera* física, sino ideal. La *frontera* del puerto, la *frontera* con el indígena, la *frontera* ganadera, pero también la *frontera* de los recién llegados con respecto a los llegados primero, de los que hablaban italiano con respecto a los que hablaban español o francés, de los pudientes, de los indigentes, de los llamados *vecinos*, de los considerados *campesinos*. Como se decía de los inmigrantes que llegaban al borde urbano de la llanura en 1897:

---

[1]   ZB. Santa Rosa, 1996.

«De Trenque Láuquen los colonos en poco tiempo llegarán a Toay.
Buscando ahora en la *línea* del noroeste un *punto* bueno, se con-
seguirá poblar los alrededores de Acha y más lejos todavía, porque
el colono, especialmente el italiano, prefiere los campos a donde
trabaja el pariente, el amigo, el connacional, y llegará pasando de
campo en campo, como se ha visto en la provincia de Santa Fe, a
los puntos más retirados de la Pampa.»[2]

3.1. Fronteras

El modelo de *frontera* que sostenía que un ámbito fronterizo es
determinante de los comportamientos culturales (Turner, 1958
[1893]), guarda relación con aquellas explicaciones por las cuales
los ámbitos son también condicionantes de las conductas sociales. El modelo, en su formulación original, fue descartado como
un instrumento explicativo aunque fueron numerosas las deri-
vaciones que del concepto se hicieron luego. Aunque la *frontera*
tiene entidad sólo como concepto, su existencia y su presencia, lejos de desaparecer, se expandió por los textos científicos con fuerza
creciente hasta hacer innegable el hecho de la existencia «real» de
fronteras capaces de explicar fenómenos sociohistóricos, como ha
sido detectado para el caso norteamericano (Fohlen, 1976: 222).
En la historiografía norteamericana ha dejado de ser una cuestión
opinable la influencia de la *frontera* —aunque ya no como único
determinante— en la formación de la nación.

La idea de Frederick Turner no incluía el propósito de generalizar el concepto de *frontier* e inducir a comparaciones de caso,
como luego se produjo entre los científicos de su escuela (Billington, 1960). Pero la consecuencia más perdurable de su creación
fue un modelo (área vacía-ocupación-límite-incorporación) que
dio lugar a trabajos comparativos circunscritos al análisis de las
diferencias y similitudes de los ámbitos rurales. Estos trabajos integraron las distintas *fronteras* y estudiaron, por lo general, los mismos temas y no estudiaron los ámbitos urbanos que integraron las
fronteras, dando por aceptado, sin embargo, que el modelo necesi-

---

[2] CAP, 2 de mayo de 1897, Nº 198, p. 1, col. 1.

ta para su funcionamiento (ocupación-incorporación) la creación de una red urbana desde el centro hasta el borde del área.

En Argentina, los trabajos que investigaron la incorporación de la llanura adoptaron el modelo a partir del tratamiento del choque entre indígenas y pobladores (Socolow, 1987: 99-136), las expediciones militares (Walther, 1976), los factores de producción de la economía agrícola (Míguez, 1986: 89-120) y las características sociales de la primera ocupación del territorio (Gori, 1965; Slatta 1985).

Estos trabajos contribuyeron a la comprensión de la problemática rural de la llanura, pero no se ocuparon de los ámbitos urbanos ni buscaron cuestionar la validez del término ni del modelo para este país. Fueron escasos los trabajos que se destinaron a reflexionar acerca de la validez teórica del modelo (Clementi, 1968 y 1985).

Estos trabajos, y en concordancia con la tradicional historiografía rioplatense, tampoco se ajustaron a la formulación positiva que hiciera F. Turner para el caso norteamericano. Por el contrario, siguiendo lo que se ha apreciado para el resto de las fronteras latinoamericanas, el caso rioplatense siguió siendo observado a través de la idea primordial inspirada en poderosos mitos negativos, provenientes tanto de la literatura académica como de la cultura popular difundida en el siglo XIX. Como acotara Thomas Sullivan al respecto, «la frontera en Latinoamérica es concebida como un espacio brutal donde el débil es devorado por el fuerte y donde la justicia debe ser impuesta (y re-impuesta) a través de la fuerza por representantes de la legal y tradicional autoridad de los lejanos y externos centros de poder.» (Sullivan, 1990)

¿Por qué en el caso argentino fue imposible la gestación de la imagen literaria o historiográfica de un «ranchero» exitoso, como el caso norteamericano? ¿Hasta qué punto esta concepción de una frontera «brutal» y extralocal comprometió la construcción del espacio en la llanura argentina y relativizó y relativiza la potencialidad generadora de sus sociedades más dinámicas —las ciudades—? ¿Hasta qué punto incidió hasta el presente esa construcción negativa del espacio «pampeano» de manera tal que hasta el día de hoy se siga concibiendo el espacio local como marginado y satelitario respecto de un espacio extralocal que se percibe jerarquizado y referencial?

¿Pero a qué *frontera* se refieren y se referían los santarroseños? La *frontera* en Argentina, esforzándose en definirla en términos determinantes de un espacio físico referido desde el puerto de Buenos Aires, ha abarcado un impreciso territorio al sudoeste de Buenos Aires, entre el Río Colorado, los Andes y el Río Cuarto. Ahora bien: ¿cuál ha sido y es la definición de la *frontera* que se ha manejado en las ciudades llamadas «de» *frontera*.

La *frontera*, como otras tantas creaciones culturales complejas, es una creación y una práctica cultural urbana. Aunque en una lectura superficial y una primera reflexión desde lo deductivo pueda suponerse que su connotación como ámbito no urbano se debe a la producción de un sentido desde su propia entidad, puestos sobre el texto de los propios santarroseños se advierte que su única entidad es su idealidad. Basta realizar un sondeo parcial por cualquiera de los documentos de este trabajo para advertir las dificultades de definición de su sentido, la escasez de su referenciación, el grado mínimo de su utilización como referente colectivo y la negación, o aparente rechazo, que el término en sí produjo y produce al intentar su utilización como término de identificación en cualquier ámbito social urbano de la llanura rioplatense. De hecho, esto ya es conocido por la historia social; una nueva y hasta revolucionaria visión de la *frontera* rioplatense como un espacio sociocultural de complejas y múltiples relaciones entre ambos lados fue sugerida a mediados de la década del ochenta por Kristine Jones (1984, 1986 [1983]).

Aunque la utilización de *frontera* se puso de manifiesto tempranamente en el Río de la Plata en la producción textual del Buenos Aires colonial, su instrumentación como concepto explicativo del país todo se evidenció con mayor fuerza en la literatura de Buenos Aires desde el primer cuarto del siglo diecinueve (Esteban Echeverría, *La Cautiva*), se enfatizó desde mediados de ese siglo (Domingo F. Sarmiento, *Facundo*) y fue reutilizado en su última versión como forma explicativa en la literatura que se esparció por el Río de la Plata de mediados del presente siglo (Ezequiel Martínez Estrada, *Radiografía de La Pampa* y Eduardo Mallea, *La ciudad junto al río inmóvil* e *Historia de una pasión argentina*).

Cien años después de su gestación, en núcleos urbanos del sur rioplatense, como Santa Rosa, el primitivo ordenamiento espacial dado por Echeverría parece ser tomado todavía como válido, como he podido advertir en Santa Rosa. Reelaborado para su utilización en textos explicativos de la incorporación de las llanuras fértiles a la economía de ultramar y de textos destinados, entre otros fines, a la enseñanza elemental institucionalizada organizada, sirve de referencia para determinar las categorías espaciales en los incipientes núcleos urbanos de aquellas llanuras. Al *desierto* de Echeverría se le asigna un nombre particular, *pampa*, y a la relación de ese «desierto» con Buenos Aires se la mediatiza con la inclusión de otro elemento, *frontera*, tampoco de creación contemporánea en la llanura, sino tomado de la literatura sarmientina. Lo siguiente figuraba en un texto usado como manual en las escuelas del oeste bonaerense y en el entonces Territorio Nacional de *La Pampa*, escrito por el que fue considerado un autor fundador de la educación santarroseña y pampeana, Jaime Molins:

> «Se vio claro, además, aquel misterio de la Pampa que a los ojos de Buenos Aires era el dragón terrorífico puesto en guardia para velar los pasos de la Cordillera. Nuestra pampa, la de Echeverría, reclamada por las musas y por Minerva, terminaba en Mercedes y en Areco. La llanura dilatada, «inmenso piélago verde», se perdía con el ombú junto a los ríos dóciles y claros de la provincia. La otra pampa, la ondulante, la eterna Pampa, la «de Dios sólo conocida, que el sólo pudo sondar» la del caldén milenario, la de las dunas caprichosas, la del silvestre alfilerillo, la de las lagunas, la de los bosques, tenía que romper el velo de la leyenda y abrir su misterio a la civilización.» (Molins, *op. cit.*: 12-13)

En una de mis notas de campo después de una entrevista que tuve con alguien nacido en el «oeste» de Santa Rosa y La Pampa me refiero a este sentido:

> «ZB me comenta sobre el desierto. Me dice: 'si te vas al medio del desierto no hay agua, te la tenés que llevar.' Me aclara que tengo que ver lo que es el desierto y me dice 'Ahí sí que no tenés nada'. Recuerdo que muchos hablan de la ruta que atraviesa La Pampa hacia la cordillera como 'la ruta del desierto'. Yo mismo he dicho esto cuando he viajado y se lo he escuchado decir a mi padre

en nuestros viajes. Le hago referencia a Zulma, pero se muestra desconcertada. La palabra 'ruta' no es usada por ella asociada a desierto. Ella no habla de 'ruta del desierto'.»[3]

El escritor Molins, por su parte, también decía:

«Y recién cuando Rosas asume el primer mandato popular, recién se echa de ver la necesidad de poner los ojos en el desierto.» (Molins, *op. cit.*: 14.)

Es en *Radiografía de La Pampa* (Martínez Estrada, 1933) donde se advierte todavía con mayor claridad el grado de desarrollo que la idea de una «*pampa* fronteriza» ya había alcanzado como término de reconocimiento colectivo inmediato, es decir con un sentido generalizado que no hacía innecesaria su explicación. Martínez Estrada decía en *Radiografía de la Pampa*:

«La amplitud del horizonte, que parece siempre el mismo cuando avanzamos, o el desplazamiento de toda la llanura acompañándonos, da la impresión de algo ilusorio en esta ruda realidad del campo. Aquí el campo es extensión y la extensión no parece ser otra cosa que el desdoblamiento de un infinito interior, el coloquio con Dios del viajero. Sólo la conciencia de que se anda, la fatiga y el deseo de llegar, dan la medida de esa latitud que parece no tenerla. Es la pampa; es la tierra en que el hombre está solo como un ser abstracto que hubiera de recomenzar la historia de la especie o de concluirla.» (Martínez Estrada, *op. cit.*: 12)

Molins y Martínez Estrada no hacían de su representación una referencia a puntos concretos de esa red de ciudades. Ambos «teorizaban» acerca del mundo de la llanura, sin pertenecer a un lugar o a lugares diferenciados de la red, especialmente Buenos Aires. ¿Cuáles eran, entonces, las similitudes que se establecían con respecto a la *frontera* que permitirán definir algún elemento dominante de ese momento que circula por la red toda? Porque, si en

---

[3] Cuaderno de campo 3. ZB, Santa Rosa 1995.

algo fuera coincidente la visión que ambos tenían de la llanura, debería ser con respecto a la organización que esta había tomado con fuerza desde fines del siglo XVIII y, por la cual, más o menos distante, reciente, cercana o lejana, toda diferencia se transformaba en sutileza en relación a la abismal hegemonía creciente del puerto de Buenos Aires.

Es claro para ambos que la *frontera* era un lugar específico, circunscrito a ese lugar conocido como la «pampa húmeda argentina». La especificidad estaba dada por circunscribir la *frontera* a determinadas provincias, lo que era compartido tanto por Molins como por Martínez Estrada. Para Molins existía una *frontera* en Córdoba, Mendoza, San Luis y la Patagonia. Lo demás eran «campos de Buenos Aires hasta los Andes», es decir una *frontera* norte y otra sur, lo mismo que para Martínez Estrada.

Tanto para Molins como para Martínez Estrada, la *frontera* implicaba una división definitiva. Ambos consideraban la *frontera* como posible de ser determinada por una circunscripción llamada «natural», lo que se entendía por elementos físicos, un río, una montaña.

En esto obedecían patrones bien establecidos desde fines del siglo, cuando un modelo de espacio físico se difundió para toda la llanura. Sin embargo, para Martínez Estrada, la *frontera* funcionaba como una verdadera barrera social que actuaba como impedimento a la integración y como instrumento de la marginación. Esta barrera social jamás permitiría la integración y siempre separaría lo que nunca podría complementarse o entenderse, o bien culturas, civilizaciones u organizaciones socioculturales diferentes, o bien estamentos socioeconómicos contrapuestos.

> «La frontera era el dique opuesto al peligro flotante indiscernible, no para contener una fuerza organizada, sino una fuerza ciega, salvaje, una fuerza viva de lo inánime, fantasmal, dentro y fuera; aquello que no pudo reducirse a términos concretos.» (Martínez Estrada, *op. cit.*: 34).

Tanto para Molins como para Martínez Estrada, la *frontera* tenía un sentido de límite de la nación toda. Fuera de ella, existían otros «países», distintos y diferentes, que, especialmente en el caso de Molins, se percibía que rivalizaban con el *nuestro*.

Pero el límite político internacional era sólo una característica descriptiva de la *frontera*. Para Martínez Estrada, la *frontera* era fundamentalmente un «punto» de contacto, una «tangente». Un «punto» que definía una relación conflictiva, en donde chocaban un mundo moderno y un mundo antiguo absolutamente irreconciliables. Este «punto» es ubicado y ubicable en el espacio, es, siguiendo la tradición positivista rioplatense, un «punto» geográfico.

La *frontera*, además de «línea» y «punto», se definía como un «espacio». Martínez Estrada especificaba que se trataba, por un lado, de un espacio desorganizado y caótico que necesitaba control. Por otro lado, explicitaba que era un espacio abandonado, que precisaba defensa y protección: «La primordial fuerza de desorden se metamorfoseó en la fuerza primordial del precepto jurídico y de la autoridad del Estado, con lo que sus miras se redujeron a la defensa de la frontera, a la consolidación del orden interno y a la estabilización de un statu quo del presente.» (Martínez Estrada, *op. cit.*: 36). Se trataba de un espacio vacío, carente de significado, que separaba dos identidades, llamadas genéricamente «países».

La característica más sobresaliente e interesante de esta *frontera* era su connotación como espacio social. Para ambos, aunque especialmente para Molins, se trataba de un espacio social degradante y negativo. Martínez Estrada definía sin ambivalencia pero con oposición la *frontera* como un espacio social indígena y como un espacio social urbano marginal.

Varias serían las diferencias que se podrían subrayar entre ambas representaciones. Entre ellas, además de la mucha menor elaboración conceptual de Molins sobre términos específicos que aparecen como de tratamiento obligado en relación con la *pampa* (*llanura, desierto, frontera, campo*), se advierte la de la falta de resolución de la relación conflictiva que tanto para él como para Martínez Estrada implicaba la vida «fronteriza». La relación que establecía ese ámbito social degradante, que dividía y separaba espacios de distinta naturaleza (políticos, culturales, económicos) de manera irreconciliable, que marginaba y delimitaba, no podía ser resuelta por Molins. Para Martínez Estrada, en cambio, era perfectamente posible establecer la violencia, la brutalidad, la desorganización, de la *frontera* —términos ya conocidos y difundidos por la Buenos Aires del siglo dieciocho— y la resolución de ese conflicto a partir de representar la *frontera* como paradigma de la barbarie.

Débase o no a la influencia directa de Martínez Estrada o de Molins, la idea de que la única forma de organización del espacio de la llanura sólo sería posible a partir de contrarrestar una degradada, peligrosa y amenazante *frontera*, circulaba y circula con fuerza en los distintos puntos de la red urbana de la llanura rioplatense. Un santarroseño, lector o no de Martínez Estrada o de Molins, «comparte» esta idea y sabe que un mundo urbano como el de *Santa Rosa* es y ha sido una respuesta coincidente en esa dirección y que, más allá de este mundo, no hay ningún otro que pueda, deba o convenga para vivir en la llanura.

CC: «¿Porque vos viste, no, Hugo? Decís que vivís en la pampa y se creen que todavía somos indios con la pluma y todo.»[4]

---

[4] Entrevista a CC.

4.
Oeste, conquista y estereotipos hollywoodenses del *Far-West*

Ceno con SC (profesora de historia) en su casa. Me dice que se pueden encontrar similitudes entre los gauchos y los cowboys. Le pregunto porqué. Me dice que porque hay algunos trabajos que se han hecho. Le pregunto qué tipo de trabajos. Trabajos sobre comparaciones entre la pampa y las praderas fértiles americanas. Le pregunto si se acuerda de algún autor. Me dice que sabe que algunos de la Facultad de Agronomía han estado en Estados Unidos. Averiguo y al día siguiente hablo con RS. RS es ingeniero agrónomo. Hizo un máster en Nebraska y conoce a un ingeniero que ha ganado una beca también para estudiar allí.[1]

> «La organización de los Estados Unidos no nos ha dado su última palabra todavía.» (López, 1960 [1883-1893], t. I: 31).
>
> «¿Sacará (el gaucho) de sus manos esa fiebre de actividad y de empresa que lo haga ser el *yanquee* hispanoamericano?» (Alberdi, 1943 [1852]: 61).

Cómo un modelo de representación del espacio acuñado extralocalmente puede ponerse en práctica en un ámbito distinto y extralocal es una cuestión que las ciencias sociales que se ocupan de la percepción y puesta en práctica cultural del espacio todavía no han resuelto. Cuando alguien se va desde Trenque Láuquen a Santa Rosa buscando trabajo, no sólo está «probando suerte», sino que está obedeciendo a una pauta general que le está indicando esa probabilidad, la de circular por ciudades que supone que conoce. Sin embargo, sabe que esa pauta no se mide estrictamente

---
[1] Registro de Campo (1). Cena con SC. Santa Rosa, 1993.

en valores monetarios, posibilidades de «progreso» y «calidad de vida». «Sabe» que cuanto más alejado se esté de Buenos Aires, más alejado se encontrará de ese ámbito rector de los patrones con que la llanura se identifica, más distantes se encontrarán las normas que se «deben» seguir, las conductas que se «deben» cumplir, las reglas que se «deben» obedecer. La institucionalidad se supondrá también más difusa, se creerá que la precariedad se acentuará y que las relaciones interpersonales se harán más presentes y vitales, a la vez que el anonimato urbano irá decreciendo a medida que aumenten los kilómetros. No hará sino poner en funcionamiento una idea, muy arraigada en la llanura, de que salir de Buenos Aires es acercarse a una *frontera*.

La comparación entre el *Far West* y la *pampa* tuvo un especial desarrollo en el siglo XIX y provino de narraciones ficcionales históricas o ensayísticas y, aunque parezca obvio decirlo, no se originó en los ámbitos que esa comparación refirió. Cuando la comparación surgió en alguna ciudad más al interior de la llanura y no en Buenos Aires, la *frontera* ya no pasaba por allí.

Far West y *pampa* se inscriben dentro narrativas que fueron comunes en América Latina y que buscaron similitudes y diferencias entre los Estados Unidos y Latinoamérica en general. Una explicación de ello fue la de uno de los historiadores argentinos más importantes del siglo diecinueve, Vicente Fidel López, que sostenía que las historias argentinas que circulaban eran «demasiado internas» y que por ello era necesario hacer una historia que «tuviera que ver con la historia política y social de la nación más que con las asimilaciones de territorios desiertos por medios militares elementales.» (López, 1960 [1883-1893], t. I: 34.) Así aparece, en un afán por «internacionalizar» la historia argentina, la comparación con otros países, entre ellos, y principalmente, los Estados Unidos.

La *frontera* estadounidense sirvió para organizar dos conceptos ideológicos en la llanura en general y en Santa Rosa en particular. El primero de ellos era de índole geográfico/social: por un lado, el de una demarcación socioespacial que involucró al puerto de Buenos Aires y a su expansión. Por mucho tiempo se estableció la distinción entre una sociedad necesaria (la portuaria de Buenos Aires) y una prescindible (la indígena). Por otro, el de la posible utilización del «caso norteamericano» para aplicar el «caso argentino».

Al considerar la *frontera* norteamericana se pensaba que esta era y había sido tanto interior como exterior; la *frontera* argentina, en cambio, no siempre era vista como una *frontera* interior.[2] Lo que hacía que ambas *fronteras* fueran «comparables» era que, para los historiadores del siglo XIX, las dos tenían en común una presencia indígena. Para el mismo López, «las tribus nómadas de Méjico y de los Estados Unidos ofrecen también el mismo 'tipo' que aquellas tribus salvajes o salvajizadas que ocupan el inmenso centro y las costas de América del Sur.» (López, *op. cit.*: 56-57). De la misma manera, se hacía indisoluble la *frontera* y el indígena para los científicos que acompañaron al general Roca en 1879 en la denominada *Conquista del desierto*, quienes alababan el «acontecimiento de la supresión de los indios ladrones que ocupaban el Sur de nuestro territorio y asolaban los distritos fronterizos.» (Doering, Lorentz, y Niederlin, 1882: 7). La *cuestión fronteras*, como se la denominaba, se había empezado a resolver poco tiempo atrás (1870), cuando el militar Alsina había inaugurado, para los científicos, *una era nueva* de represión al indígena, y con el sólo objeto de resolver un problema interno.

El segundo concepto ideológico era de índole legitimizador, la forma en que el puerto de Buenos Aires podía justificar su expansión fronteriza a partir de recrear un caso acontecido en otro lugar, el «caso norteamericano». Para Sarmiento era claro que la *frontera* debía expandirse con violencia, ya que sólo así podría incorporarse y generalizarse el mundo del puerto, como «en los Estados Unidos [donde] todos los hombres viven en casas [...] rodeados de todos los instrumentos más adelantados de la civilización, salvo los *pioneers* que habitan aún los bosques, salvo los transeúntes que se albergan en inmensos hoteles.» (Sarmiento, D. F. 1971 [1845]: 56)

Esta violencia civilizadora necesaria para la expansión de la *frontera* era una violencia, además, urbana. Para Sarmiento era claro que la forma de conquistar la *pampa* era a través de una organización espacial en la cual proliferaran las ciudades. El «mundo» al

---

[2]   Ver BDFA 1989 (1914-1922), 204.

cual Sarmiento observaba como paradigma era un mundo en el cual las ciudades eran cada vez más una parte constitutiva esencial, no sólo en los Estados Unidos, sino en Europa (Rodger, 1994; Todd, 1995).

Ahora bien, para que esta serie de conceptos adquiera el peso de transformarse en un modelo de organización del espacio, debe poderse repetir con una extensión no circunscrita a lo local y a una élite letrada. Una posibilidad de que esto ocurra es que elementos de la misma organización se observen en distintos puntos de una red urbana y en una espacialidad que supere las construcciones grupales. Esto significaría estar en presencia de ese «acuerdo» por el cual un «proyecto» ideológico se dice que se hace posible. Para el caso latinoamericano que se estudia aquí significaría preguntarse: ¿qué forma toma esta comparación entre Estados Unidos y la llanura rioplatense y cómo eran utilizados —si lo eran— sus conceptos ideológicos en Santa Rosa?

En 1918, no muy lejos de de Santa Rosa y en el camino obligado entre esta y Buenos Aires, en Trenque Láuquen, se procuraba enseñar a los niños de las escuelas, en referencia a la guerra con el indio, que

> «Los Estados Unidos, con más recursos que nosotros, no solucionaron con mayor lucidez y economía su problema autóctono sobre las tribus del oeste» (Molins, *op. cit.*: 14).

Según textos escolares, como *La Pampa* de Molins, la violencia civilizadora que Sarmiento había divulgado años antes se había consumado más perfectamente en esta última *frontera*, más aún inclusive que el «caso norteamericano» ya que «la Pampa no ha tenido adolescencia. Después de la desposesión al aborigen, —ayer nomás—, ha quedado incorporada de hecho a la cultura nacional, sin ese interregno semibárbaro que caracterizó las tierras nuevas de los Estados Unidos. El problema del indio cayó en liquidación con la campaña al desierto que constituye el episodio interno más notable en la vida militar del país.» (Molins, *op. cit.*: 394-395). De esta manera «la colonización de la Pampa se ha venido produciendo en forma análoga aunque superior a la de Estados Unidos. Aquí está el *Far West* argentino en vías de moldear sus improvisaciones y manifestarse en la mayoridad otorgada por las fuerzas vivas que se desenvuelven en su seno» (Molins, *op. cit.*: 383-384).

Lo que para la historiografía y la literatura del siglo diecinueve se había organizado sobre la base de una comparación descriptiva —«*frontera* norteamericana exterior-interior», o, «el caso argentino y el caso norteamericano»— se transformaba, en la última *frontera* pampeana del siglo veinte, en una comparación valorativa, en la que los Estados Unidos y su *frontera* servían para demostrar las cualidades superlativas del caso argentino. Los niños del borde de la llanura debían comprender que «nosotros no tenemos ni el problema del indio ni menos *the black problem* que es una pesadilla para los Estados Unidos» (Molins, *op. cit.*: 394-395).

Quince años más tarde, en 1933, en la *frontera* de la llanura rioplatense y en colegios religiosos santarroseños y del norte de la Patagonia, circulaban otros textos para la enseñanza donde la *pampa* y la *frontera* norteamericana aparecían con otros matices, como el caso de *Far West argentino*, de Monticelli. A la acción militar que había sido descrita por el manual de Molins, se sumaba ahora la acción del trabajo «incansable» de los inmigrantes, como

«cuando el agricultor del *Far West* toma su arado por la mañana, se despide de su familia, porque no sabe cuando dará vuelta para hacer otro surco. ¡Entonces entendí cuanto debe la Patria a los héroes del desierto que desalojando al indio peligroso e inerte, entregaron al arado el territorio conquistado con la espada!» (Monticelli, 1933: 21).

El indígena y la guerra fronteriza interior desaparecían como forma de la comparación con el *American Far West*. El indígena quedaba integrado a la vida fronteriza contemporánea del arado y el trabajo de la tierra. Monticelli sugería, inclusive, la idea de un indio amistoso, un «gaucho», un personaje autóctono que podría ser usado, como en los Estados Unidos, para narrar «escenas de la historia o de las fronteras.» Monticelli se lamentaba incluso de que «estos buenos vaqueros no tienen aún el instinto yanqui y no saben que con una buena película del episodio, podrían haber salvado muchas pieles y compensar muchas sequías.» (Monticelli *op. cit.*, 133).

Tanto en 1918 como en 1933, la comparación entre el *American Far West* y la *pampa* tenía un propósito más que retrospectivo y que iba más allá de explicar el origen y el desarrollo histórico de la *frontera*. Se procuraba, además, «enseñar» lo que correspondía hacer para desarrollar e integrar el área a la economía del puerto y, en ese sentido, el caso estadounidense servía para marcar los «aciertos» y los «errores» que el caso argentino y el de la última *frontera* pampeana debía imitar o evitar. Molins decía en 1918 a sus alumnos en su manual: «No hagamos lo que Estados Unidos, que después de arrasar sus grandes florestas, en una extensión tan amplia como Europa, ha tenido que castigar su irreflexiva sordidez, con la fiesta del árbol, la más bella advocación a Flora y una de las mejores conquistas de la civilización» (Molins, *op. cit.*: 118-119). Estados Unidos era representado como una nación separada de su *Far West*, que había «administrado» esa otra parte con equivocaciones más que aciertos, los que podrían servir para aprender y para no repetir en la última *frontera del* Río de la Plata.

Pero la posibilidad de comparación entre el *oeste* pampeano y el *oeste* americano excede lo ideológico y llega a tener relación con las decisiones económicas de las explotaciones rurales del borde de la llanura. De hecho suele ser parte de las referencias de algunos técnicos santarroseños que pude entrevistar. El ingeniero RS, que viajó a Lincoln (Nebraska) para hacer un máster en Agronomía, me comentaba:

RS: Es muy parecido a lo de acá, pero mucho más avanzado. Lo que los tipos tienen es un mercado muy bien regulado, todo estabilizado y además mucho contacto con los productores...
HG: ¿Porqué...?
RS: Primero porque la gente es muy profesional. No es el chacarero como el de acá ... tienen computadoras, manejan todo muy bien y acá si les decís que hagan algo de eso no lo hacen, no le ven la necesidad ...[3]

Se opera así una primitiva forma de transposición tecnológica por imitación, en la que el ganadero y el agricultor argentino de-

[3]   Registro de campo 2. Entrevista con RS. Facultad de Agronomía y Rotary Club de Santa Rosa, 1995.

ben copiar o «adaptar» sus explotaciones y formas de producción
a aquellas similares en los Estados Unidos. Ya Molins advertía en
su manual escolar sobre los problemas que podían originarse en
caso que la «copia» no se realizara en forma perfecta, lo que ilustraba a través de una conversación que decía haber mantenido con
un *farmer* argentino de la última *frontera*:

> «Un campesino de Macachín nos confiesa su simpática aventura:
> —«Sabe que me he metido a ensayar los silos de alfalfa» Leí un artí-
> culo en una revista norteamericana y ¡qué diablos! para probar...
> —¿Y?
> —De todo. El forraje de los dos que hice fue cortado en la misma
> época. A ambos los acondicioné en igual forma. Uno de ellos me
> dio un resultado espléndido ¡pero el otro fue un fracaso! Fermentó
> en seguida y apareció el pasto todo manchado, amarilloso, fétido.
> —¿Lo cubriría mal, tal vez?
> —No señor. Tuve igual precaución para los dos. Y a medida que
> iba insumiéndose el foso, me cuidé muy bien de ir revocando las
> grietaduras, cosa que no entrara el aire.
> —Habrá estado la alfalfa de alguno más humedecida.
> —Quizás haya sido eso...» (Molins, *op. cit.*: 209).

Aunque con una carga ideológica diferente, Monticelli no aban-
donará, quince años después, los esquemas comparativos utilizados por Molins. El escenario más ajustado a la comparación
seguirá siendo el *Far West* y no las grandes llanuras, a lo que se
agregará la idea de un «industrialismo» exagerado que se decía que
el hombre norteamericano del oeste poseía y que no se veía con
buenos ojos que el argentino imitara. Y ese industrialismo que
podía acabar con lo «autóctono», estaba asociado a la inmigración
y la agricultura, portadores de un cambio que había hecho «llo-
rar» al «gaucho la pérdida de su pampa sin confines y el avance
progresivo del alambrado que le cortaba la libertad por todas partes», lo que había generado un desgraciado imperialismo cultural
norteamericano, cuando hasta en los confines de la *pampa* «ríe el
agricultor cuyos hijos bailan el charlestón, música conspiradora y
extranjera!» (Monticelli, *op. cit.*: 22). Este imperialismo fomentado y practicado por los agricultores no se asociaba, en ningún
momento, a aquel fomentado y practicado por aquellos «otros»

que también formaban parte de esta última *frontera*, como por ejemplo, el propio Monticelli. Para Monticelli, el hijo del agricultor «no debería» bailar el charlestón, pero él no hallaba ningún impedimento en que debería haberse imitado a los Estados Unidos en materia de leyes discriminativas (sic) de la inmigración, ni en utilizar, admirar y adquirir su tecnología o en promover la copia, desde la pampa, de las formas en que los Estados Unidos habían «reciclado» al indígena.

Pero la última *frontera* hizo más que utilizar el discurso comparativo con fines retrospectivos. Así como durante el siglo XIX la comparación sirvió de eje a la demarcación de un proyecto ideológico sobre el que se perfiló la organización de toda una nación (Halperín Donghi, 1980b), en los primeros años del siglo XX se procuraba, además, «enseñar» sobre los «aciertos» y los «errores» que el caso norteamericano había incursionado.

En la última *frontera* se consolidó, si bien con otros parámetros, la construcción de un «modelo ejemplificador» para el caso norteamericano, es decir la convalidación de la idea de un *standard* al cual siempre hacer referencia. Y a este *standard* se acudirá, de ahora en más, tanto para el debate ideológico de la élites intelectuales acerca del futuro de la *pampa* y el «*Far West* argentino», como para referirse a la conveniencia del agricultor en adoptar determinada tecnología agropecuaria.

Por supuesto que estuvieron recurrentemente presentes los debates político-ideológicos, especialmente aprovechados por los medios de difusión en las ciudades de la llanura, pero estos tendrán que ver más con la pugna sociopolítica momentánea de los grupos de poder que con los elementos que irán organizando la trama sociocultural de las sociedades fronterizas. La idea generalizada en los sectores populares, los sectores medios urbanos, el campesinado absentista, la pequeña y gran burguesía administrativo-comercial ligada a la explotación agropecuaria e, inclusive, entre los grupos de poder relacionados con los ámbitos científicos y universitarios de las nuevas ciudades de la *frontera*, será la de un mundo norteamericano imitable, aunque esencialmente desconocido. «La cultura americana basa su dominación y su posición privilegiada en no escasa medida en el uso imperial por parte del estado Americano del libre comercio para imponer sus propios *standards* y valores sobre otras naciones» (Sauer-Thompson; Smith, 1996: 171).

El *standard* —y como todo *standard*, inigualable— se generalizará, así, por toda la llanura, terminando por cristalizarse en los confines de la última *frontera* de la *pampa*, en sintonía perfecta con la adopción que, para sí, iniciara el mundo de Buenos Aires y su élite más de un siglo antes. Premonitoria había sido, al respecto, la visión de Sarmiento en 1847. «Los Estados Unidos —decía Sarmiento— son una cosa sin modelo anterior.» (Sarmiento, op. cit, 1971 [1847]: 232). No por algo, el mayor traductor de viajeros ingleses —para la mayoría de los historiadores rioplatenses, fuente que se juzga inexcusable para el estudio de la llanura en el siglo XIX—, hablaba de recibir «la levadura civilizadora que operó en los Estados Unidos.»[4]

Ahora bien, ¿cómo se pueden detectar los fundamentos perdurables que hicieron que esa generalización llegara y se adoptara hasta en los puntos más remotos de ese borde urbano? ¿Hasta qué punto podría decirse que esa ordenación del territorio, su construcción y la representación que el espacio finalmente transfiere a la identidad colectiva de quienes lo construyen y lo generan, también fue promovida desde fuera de lo local? Es cierto que la idea de un *standard* norteamericano penetró en el mundo de la llanura pampeana desde el mundo de la élite del puerto, pautando formas de producción, modelos tecnológicos y hasta comportamientos del mundo cotidiano y privado. ¿Pero podría decirse que el mundo urbano de la llanura rioplatense se adscribió a una representación espacial también fuera de la llanura en sí misma y que sus gentes viven según esta representación?

---

[4]   Carlos Aldao, en Head (1920 [1826]: 9).

5

La ciudad: el poder de las palabras

RSA: Mucha gente me dice: ¿dónde vivís? En Santa Rosa, les digo.
Para unos cuando les decís Santa Rosa se imaginan el culo del
mundo, que sos un indio en el medio de la pampa. Les digo que yo
agarro el micro de las diez (22 horas) y a las 7 ya estoy en Retiro...
HG: Porque alguna gente se confunde con Santa Rosa, Calamuchita... (Le digo esto porque en muchas ocasiones he escuchado la
referencia a Santa Rosa, La pampa; Santa Rosa, Calamuchita [que
está en otra provincia] ya que así es como se enseñan los nombres
de estas ciudades en las escuelas primarias argentinas).
RSA: No ... saben que es La Pampa, pero no saben que está sólo a
600 Km. de Buenos Aires...[1]

Lo que ha sido denominado como una «cultura urbana periférica» (Hannerz, 1991) se hace perceptible cuando se consiguen
aislar aquellos elementos que la conforman porque son tomados,
reutilizados y cristalizados en lo que generalmente se ha llamado
un discurso urbano. Me referiré aquí a la representación de lo que
se denomina *pampa* para los pobladores de ciudades del borde de
la llanura, como *Santa Rosa*, pero también para otros de ciudades
como General Acha y Victorica, todas pertenecientes a la actual Provincia de La Pampa, Argentina y ubicadas en ese borde urbano.

Como ya ha sido reconocido por otros autores (Mateo, 1993),
el *pampeano* es un espacio periférico desde lo demográfico-econó-
mico (Sabato, 1989), pero también desde lo ideológico y percep-
tivo (Romero, 1987) y, como tal, «va constituyéndose» a sí mismo
desde lo básico de la autodefinición y la comunicación, desde el
plano elemental del lenguaje (Austin, 1982). La *pampa*, por lo

---

[1] Registro de Campo 1. Entrevista con RSA. Confitería La Capital, 1990.

tanto, es también un modo en que la lengua ha organizado un hecho espacial y provee la posibilidad de una designación delimitada. La *pampa* no significa cualquier cosa. El contenido de la palabra se irá dando por la pugna sociocultural en las ciudades, que irá más allá de la designación y el significado a los discursos particulares en cada una de ellas —portadores de un sentido expresado e interpretado cada vez— pero tendrá también un sentido común a ellas, un sentido compartido desde la periferia.

Entre las formas de representar el espacio que se pueden deducir de los primeros periódicos aparecidos en los núcleos de las tierras de este «borde» urbano, de reciente incorporación, como los de Victorica, General Acha y *Santa Rosa*, las de «jerarquizar» y «reproducir» otros ámbitos se implementaron en forma instantánea. Estas «formas» no fueron independientes de la configuración verbal que le dieron los textos ni de las palabras que se usaron y siguen usando los santarroseños, por ejemplo, *pampa*.

5.1 ¿Cómo se llama lo que no es una ciudad?

En otros trabajos he analizado cómo la idea de «jerarquización» se plasmó concretamente en la gestación de un paradigma cultural urbano para *Santa Rosa*: la ciudad de Buenos Aires (Gaggiotti, 1989, 1990a, 1993a). Aquí me preocupa, en cambio, tratar de advertir cómo la «jerarquización» se cristalizó en la representación de ámbitos llamados historiográficamente en el Río de la Plata «no urbanos» (Míguez, 1986).

En 1900, en General Acha, hacia el oeste de Santa Rosa, el periódico mostraba las dificultades de adaptación que ese paradigma «rural» representado desde Buenos Aires como *pampa* tenía en el ámbito local. A propósito de un artículo aparecido en La Nación de Buenos Aires[2] se comentaba:

> «Los lemas: 'Otro conflicto en la Pampa Central', 'Nuevos conflictos de autoridades', 'Conflictos de aldea' y otros por el estilo con que encabezan sus noticias y comentarios los grandes diarios

---

2   NAC, 11 de marzo de 1900, p. 7, col. 1.

de la Capital Federal, ocasionan un daño gravísimo, cuyo efecto inmediato (es) el desprestigio exterior que trasciende hasta los negocios y las empresas.»[3]

La invocación de lo colectivo y la representatividad que el periódico decía tener de él era suficiente para determinar la acción que toda una sociedad «achense» debía tomar: la «negación».
Pero he aquí la paradoja que ha acompañado toda la historia y la historia urbana de la llanura rioplatense. Lucha, enfrentamiento, «negación» frente a Buenos Aires, pero a la vez mímesis, búsqueda de semejanza, copia, reproducción. Como se continuaba diciendo en uno de estos textos,

«es necesario pues (que) hagamos constar que el Territorio, el fuerte capital y el considerable número de vecinos que lo trabajan, no toma velas, ni se preocupa mínimamente de tales conflictos hijos en su mayor parte de susceptibilidades excesivas de personas que desempeñan empleos.»[4]

Ese juego era dentro del cual encontraba el límite la representación de los espacios como *pampa*. Un juego donde, por un efecto preconstruido, es decir de un término usado frecuentemente en otra parte con anterioridad y con significado similar, una ciudad como *Buenos Aires* hacía representaciones desde hacía tiempo, pero que, en este borde urbano de la llanura se procuraba rehacer desde un presente, no independientemente de los factores socioeconómicos de transformación del espacio, como, por ejemplo, el ferrocarril.

«Leemos en el correo de *La Nación* —se comentaba: En la Pampa Central se puede cazar gamas con relativa facilidad, por cuanto abunda ese cuadrúpedo en aquel Territorio». Siempre lo mismo. «En la Pampa Central» como quien no dice nada. Abundando ese cuadrúpedo en las cinco mil novecientas leguas cuadradas de tierra que forman la Pampa Central, es evidente que la cacería de

---

[3] CAP, 11 de marzo de 1900, No. 351, p. 1, col. 1.
[4] Ibíd.

gamas debe ser de una facilidad, ya no relativa sino absoluta en el Territorio. Todavía salvajes. No debemos hacernos ilusiones.»[5]

Será este conflicto, un conflicto latente, un «preconflicto» que aflorará en aquellos momentos, —también de conflicto—, en los cuales la representación del espacio será delimitada aún con más fuerza (Arnoux, 1994). Y este conflicto latente será, no ya circunstancial, sino parte de esta *cultura urbana periférica*, un elemento utilizado y reutilizado siempre que los santarroseños refieren a la competencia urbana. *Pampa* y *pampa* serán los convidados de piedra en ese conflicto, palabras de «uso» para dirimir la controversia urbana y la disputa por un mayor control de lo local.

En el mundo santarroseño, nunca Buenos Aires, en un «centro», disputa con las ciudades del «borde», sino que son las ciudades del «borde» las que originan una competencia. Y, en ella, todo vale; en la población, se pueden sumar hombres y ovejas; en la extensión, hectáreas, desiertos y pueblos; en el significado, *Pampa*, *pampa* y *desierto* indígena. Partes irreconciliables son posibles sumandos con tal de que el «borde» no sea «confundido» con el «borde» mismo. Y en esta disputa, la distinción que se pretende estipular, es la de un presente de una *pampa urbanizada*. En función de esto se denunciaba que,

«Hasta ahora, debemos decirlo con cierto sentimiento de dignidad herida, para nada ha sido tenida en cuenta la Pampa Central sino para trazar líneas sobre su mapa. No ha habido ni en Buenos Aires, ni en Bahía Blanca, ni en La Plata un recuerdo para sus cincuenta-mil habitantes, para sus doce millones de ovejas, para su comercio correlativo a su importancia ganadera, para sus pueblos formados y florecientes. Somos todavía un desierto, un Territorio virgen recién salido de manos del salvaje, en el cual todo está por hacer, y en el que no existen por tanto intereses que puedan ser lastimados o deban ser protegidos.»[6]

---

[5]   CAP, 5 de junio de 1900, 363, 2.
[6]   CAP, 5 de junio de 1900, N° 363, p. 2, col 2.

¿Cómo se resolvía este conflicto también preconstruido? ¿Cómo se «torcía» el significado arraigado en el plano del lenguaje, que se atribuía «portuario», «forastero», por un sentido que se procuraba que emergiese del discurso urbano local de ese «borde»? En primer lugar con la creación de otro conflicto, un conflicto ya no de toda la red urbana de la llanura sino del plano local entre las ciudades del mismo «borde», lo que se manifestaba en una incipiente «jerarquización» intraurbana. Las ciudades del borde no eran iguales, había una jerarquización, y esa jerarquización se hacía notar, por ejemplo, en la especificación de los destinos de los viajeros que salían del lugar:

«Haciendo uso de la feria se ha ausentado para Toay y Santa Rosa, el señor juez Letrado Dr. D.Baltasar S. Beltrán acompañado de su señora esposa; Después de varios días de estadía en Toay y Santa Rosa, ha regresado ayer el gobernador del Territorio Dr. D. José Luro.»[7]

En segundo lugar con la introducción en el lenguaje «urbano», que se hace evidente en los periódicos del lugar, de las primeras manifestaciones distintivas entre un «este» y un «oeste», que se enunciaban en relación a lo lejano, lo perdido, el confín:

«En la región del Salado, al Oeste de Victorica, ha sido establecida una nueva casa de negocio por los señores Manuel y Avelino Cován. El establecimiento de nuevas casas de comercio es la mejor prueba del incremento de la población en aquellos apartados parajes, de los que varias veces nos hemos ocupado.[8] En este lejano paraje he leído por casualidad, después de mucho tiempo de desearlo, ese periódico. Después de terminar de comer las longanizas que un número de su periódico envolvía, principié a leerlo, es claro, sin fijarme en la fecha, pues creía que era un número atrasadísimo dada la distancia a que nos encontramos y en las condiciones especiales en que llegó; pero no fue así. Se trataba de un número fresquito, 29 de abril.»[9]

---

7 CAP, 22 de enero de 1900, N° 344, p. 1, col. 1.
8 CAP, 18 de marzo de 1900, N° 352, p. 1, col. 1.
9 CAP, 29 de mayo de 1900, N° 362, p. 1, col. 1.

La irrupción de estas distinciones, veinte años después de la «con-quista» militar realizada por el general Roca, demuestran tanto la exteriorización del «hecho» pragmático-económico de los límites de la incorporación de un *territorio* a una economía extra local —los puertos ultramarinos— como así también el «olvido» y pér-dida de fuerza de lo que se han llamado los discursos patriótico, militar[10] y criollista,[11] discursos muy utilizados para construir una imagen de la pampa y que se expandieron con fuerza en los años setenta desde Buenos Aires. En una localidad autoincluida en ese «oeste» local, Victorica, «viejo» asentamiento de «fortín», lugar de «batalla», «muerte» y «glorias militares de la Patria»,[12] un todo so-cial urbano no «recordaba« el pasado «glorioso», oscurecido por un «presente» que se interpretaba marginal con respecto a una economía agroganadera-portuaria que se percibía cada vez más alejada. Un texto muy elocuente al respecto decía:

«¿Qué puedo decirle con respecto a Victorica? Está muy triste: al-gunas idas y venidas de carros conduciendo las últimas remesas de lana; pocos visitantes por no decir ninguno; diríase un pue-blo abandonado sino fuera por algunos empleados de casas de comercio buscando distraerse con el truco o cabeceando sobre sus mostradores. Es un hecho que el 16 y 17 del corriente han sido días espantosos, una calor tropical —45º al sol— un poco más y nos transformábamos en asados ... El señor Fortunie Le-lievre miembro de la Sociedad Geográfica de París ha estado en mi establecimiento para conocer la verdadera Pampa, sus costumbres, ver el manejo del lazo, etc. Venía recomendado por el conde Sala ministro de Francia en Buenos Aires. Volvióse encantado de su viaje diciendo, no hay más que un «punto» negro en estos viajes a la Pampa; son vuestras galeras. ¿Para cuándo una vía férrea?»[13]

No sin cierta ironía se iría reforzando esa idea de «autoinclu-sión». Los periódicos de estas ciudades siempre se han hecho eco

[10]   Álvaro Barros es uno de sus máximos exponentes. Ver Barros 1975.
[11]   Ver la obra capital de Adolfo Prieto sobre esta materia. Prieto 1988.
[12]   Cf., Walther 1976. y *Placas recordatorias del monumento a la batalla de Vic-torica*. Victorica, Plaza central, Provincia de la Pampa.
[13]   CAP, 22 de enero de 1900, Nº 344, p. 1, col. 1.

de un discurso urbano referido, «organizado» desde Buenos Aires, y lo ha tomado como propio. En este «oeste» pampeano, ¿se es o no se es un *desierto*»?

> «Entre varias importantes noticias como gira policial, ecos judiciales, ausencias y regresos y decreto, traslación capital ... encontré una importantísima para nosotros los del desierto, que tiene todos los síntomas de ser una fina indicación sobre la conveniencia de un poco de empeño para llevar a la práctica la construcción de pozos semisurgentes en este Territorio».[14]

De hecho se entendía que, efectivamente, se «era» un «desierto». Y «ser un desierto» venía implicando, para la percepción generalizada y centralizada de la red urbana de llanura, una consecuencia inmediata e irremediable: «había que dejar de ser un desierto». Todavía hoy, en las ciudades del borde de la red se tiene claro que el reconocimiento de la pertenencia a ámbitos fuertemente connotados puede ser explotado para generar contradicciones.

> CC: ¿Sabés qué? Si creen que vivimos entre los médanos, cosa de ellos, a mí no me importa ... Después vienen acá y se maravillan de lo que ven, porque hay lugares impresionantes que ni se imaginan ... ni se imaginan como se vive en La Pampa.[15]

«Dejar de ser un desierto» remite a la «conquista». ¿Qué diferencia se podía establecer entre el *desierto* que debía dejar de ser este borde urbano de 1900 y el *desierto* que dejó de ser en 1879? Básicamente, la presencia indígena. Vincularse al *desierto* significaba, por acto reflejo, relacionarse con lo que todavía hoy sigue siendo considerado generalmente por la historiografía, un *indio pampa* (Socolow, 1987).

Las ciudades del borde debían entonces organizarse de manera de tratar de enfrentar este término tan connotado que se sabía tan legendario y fuertemente arraigado en toda la red. Ahora bien, ¿cómo sucedía entre los santarroseños? Entre los santarroseños se

---

[14] CAP, 29 de mayo de 1900, Nº 362, p. 1, col 1. El subrayado es nuestro.
[15] Entrevista a CC.

pone en juego ese viejo mecanismo occidental tan bien descrito por Bartra en cuanto a la creación de la figura judeocristiana del desierto que

> «entendía el espacio agreste como un lugar de encuentro, como un territorio baldío en el que entran en contacto —pero no deben mezclarse— las fuerzas del mal y los fervorosos elegidos. Por ello el desierto era un espacio de tentación y de prueba, de peligro y de éxtasis, de muerte y de promesas...el desierto era también el lugar donde la humanidad puede lograr su redención.» (Bartra, 1992: 48)

En las ciudades de este borde urbano se trata de difundir que, asimilar la *Pampa* al *desierto* indígena es un anacronismo. El indígena «ya fue». El desierto se transformó en el escenario del inmigrante, el «verdadero» trabajador, el «hacedor» de la civilización. No era aceptable ninguna comparación con un mundo «desaparecido». La *Pampa* y la *pampa* se habían transformado en el «ahora», pero no por el «ayer» o por lo que se describía como «aquella acción del *indio*». En los periódicos de la zona muchas veces se han sentenciado frases como esta:

> «Con algo más de tiempo vengo a contestar algunos puntos de su interesante carta sobre transformación de la Pampa. ¿Puede equipararse la acción transformadora del indio y de los animales silvestres, a la actual, buscada solamente en la cría de haciendas? Usted se inclina a pensar que sí, y yo estoy convencido de lo contrario. Por las orillas del Colorado y en varias partes del Territorio ha habido, es verdad, un número algo crecido de guanacos, pero no hay que creer que han sido millones.»[16]

Sin embargo, estas referencias no son sólo locales sino que se relacionan con lo que se decía en los más estrechos círculos de alta sociedad de Buenos Aires, donde se alardeaba «de la inmigración extranjera, sin la cual seríamos una Bolivia con indios y todo» (Álvarez, 1906).

---

[16] CAP, 15 de mayo de 1900, Nº 360, p. 1, col. 1.

La transformación de ese «ahora» tampoco podía compararse con la acción de la «campaña» militar en sí misma. La *Pampa* era *desierto* «aún» después de la «campaña». La verdadera acción de transformación era un producto, entonces, posterior a la «campaña». Esa acción transformadora había concluido en el momento de la creación de una nueva definición para el espacio. Al *desierto*, (*pampa-desierto*), le habían seguido los *campos*.

La diferencia se hace sustentar en la construcción de la representación de un espacio «salvaje», entregado y dominado a un mundo vegetal y animal «silvestre».

> «De noche, de todos lados se sentía a lo lejos el uniforme y monótono canto del tucutú. Reinaba entonces en absoluto este enemigo destructor de los buenos pastos, y donde pueden pacer ahora hasta 3 o 4.000 ovejas por legua sólo había pasto para una tropilla de unos cuantos caballos.»[17]

A ese mundo *salvaje-natural-silvestre* pertenecía, como parte constitutiva, no como un agregado, el indígena *pampa*. Se construía sobre este indígena la representación de un «personaje» poblador no poseedor, escaso en número, irregular en sus asentamientos (nómada), errante, atomizado en «toldos» y disperso.

> «El número de indios era bastante reducido. En general faltaba el agua. En donde había alguna laguna permanente vivía algún cacique con varios toldos, pero tenían en general muy poca hacienda. La caza, las invasiones, los arreos a Chile eran todas sus ocupaciones en el último período por lo menos, en el cual nos ha sido dado estudiarlos en algo. Su poder, tan mentado en un tiempo, era sólo para la invasión y el ataque, pues de norte a sur y de este a oeste se daban citas en puntos determinados y llegaban a formar un número considerable de lanzas. Poderosos para invadir eran, como se ha visto y se comprende, en extremo débiles para resistir una vez atacados en sus toldos. ¿Cómo obtener de ellos, en caso de invasión, el abandono de sus familias y tolderías amenazados, para acudir en puntos determinados a defender familias y tolderías ajenas?»[18]

---

[17] Ibíd.
[18] Ibíd.

Al indígena no se oponía la figura «civilizante» del inmigrante «transformador». Como parte del pasado, otras figuras, no el
inmigrante, que ya habían sido y eran ahora recuerdo, «historia»
(Alsina y Roca), también formaban parte del mundo del *desierto*
indígena.

> «Por esto hay un abismo, para mí, entre Alsina y Roca, considera-
> dos como conquistadores del desierto. Si bien Alsina ha sido en
> cierto 'punto' de vista un nuevo Catón, convencido de la necesi-
> dad de destruir los indios, Roca ha sido el hombre de genio que ha
> abarcado de una sola mirada la solución del problema. ¡En donde
> estaríamos todavía con el sistema de zanjas y de fortines! ¡Qué
> campaña más hermosa para un general, que la que no ha costado
> ningún sacrificio de vidas y en la que el resultado, tan completo y
> tan brillante ha sido el fruto de la sola idea!»[19]

Este discurso retrospectivo, esa «historia de la conquista», incluye
también otras figuras en el panteón militar, como Bartolomé Mitre, al que se hace portavoz de un discurso falso y problemático.

> «Mitre, sitiado el 57 en Sierra Chica pronosticaba que conquistar
> el desierto era todavía obra de varios siglos. ¡Y el 80 el indio era
> aniquilado, destruido, casi sin esfuerzo!»[20]

Sobre esta idea introductoria de conquista pasada, lo que constituía una «disgreción» (sic) para el texto que estoy poniendo como
ejemplo, se retomaba la idea central de la «acción transformadora»
de los nuevos («verdaderos») creadores de la «nueva» *Pampa*.

> «Perdone la disgreción, *je reviens á mes montons* (sic), y digo que
> del punto de vista de la mejora de la Pampa Central el indio no
> ha existido. En el 82 hemos venido los primeros pobladores y en
> donde hemos asentado nuestros toldos, la transformación ha sido
> rápida y halagadora en todos los campos de Marte.»[21]

---

[19]   CAP, 15 de mayo, op. cit.
[20]   Ibíd.
[21]   Ibíd.

El mundo salvaje-natural-silvestre se muestra «arrasado» por aquellos «primeros», no sólo por aquellos conquistadores, que se habían mostrado como «presentes» en el lugar y que no eran los «primeros», sino también por los «transformadores», que no llevan armas sino, como han señalado algunos autores, «la fuerza del trabajo» (Amaral, 1987).

Los espacios en blanco, los silencios, crean un riesgo perceptible que se busca conjurar: la posibilidad del olvido y la marginación. Así como se había creído posible gestar un discurso marginalizador de «conquistadores» en pro de «transformadores», ¿no sucedería lo mismo con los «transformadores» en un futuro? Para eliminar toda posible marginación futura, los hombres del futuro pasaron a ser herederos, «transformadores» de segunda generación, que deberían reconocer, para siempre, la deuda con sus antecesores. «¡Qué fácil, me parece, será la tarea de nuestros hijos al lado de la nuestra! —se quejaba un autor—. Y sin embargo ellos, sin la concurrencia del esfuerzo realizado por sus padres, seguirán teniendo sus luchas y sus trabajos, y la transformación se hará, y será realidad un sueño.»[22]

Pero ese esfuerzo de previsión incluía nuevas (o reactualizaba viejas) representaciones preconstruidas. Puede verse, en la aparente «contradicción» de estas representaciones, la necesidad por un afán conciliatorio que, a veces, no siempre, se conseguía. «Nuestra» *Pampa* del «borde», transformada, vergel productivo, que se hacía ver presente pero, también, futuro, desestimada desde ese «este» aprovechador, podía aparecer y, sin contradicción aparecía otra vez, como un promisorio *arenal*: aquel *desierto* que con tanto énfasis se trataba de «alejar» sería el lugar en el que «se levantarán pueblos y ciudades, vivirán sobre estos arenales grandes aglomeraciones humanas, y será entonces la República una de las más poderosas y ricas naciones del orbe.»[23] ¿Qué paradigma opera en los santarroseños al crear su ciudad? ¿Qué necesidades tienen de justificar en su discurso las prácticas culturales que llevan a cabo en su sociedad urbana desde hace años?

---

[22] Ibíd.
[23] Ibíd.

6.
Ciudades y capitales

Me dice que se siente pampeano, santarroseño, pampeano —repite—. Le pregunto qué quiere decir, en qué sentido lo dice y me dice que lo dice en el sentido de que no se imagina viviendo en otro lugar, que cuando va a Buenos Aires se aturde, que no le gusta, que le gusta estar acá (en Santa Rosa), que acá tiene a sus amigos, sus cosas. Le gusta estar acá, le gusta la ciudad, porque dice que es más limpia, más tranquila que Buenos Aires, que es un mundo de gente, aunque acá, me dice, cuando es la hora de la entrada de la gente a la Casa de Gobierno es complicado circular...[1]

Lo que habría que hacer es arar Buenos Aires ...[2]

El adjetivo «pampeano», junto con los sustantivos «ciudad» y «pueblo», irrumpieron entre los santarroseños en 1904 y 1910 respectivamente. Habían pasado (cuatro y diez años) de un todavía latente y presente conflicto sociopolítico según la historiografía tradicional del «borde»: el cambio de la capital del Territorio Nacional, desde General Acha a *Santa Rosa* pero, también sociocultural. Todo un núcleo urbano que se representaba culturalmente asociado a Buenos Aires, que sostenía haber dejado de ser un «desierto», advertía la pérdida de su principal término de comparación y el abandono, para siempre, de su identificación extralocal, lo cual era «presentado» incluso desde la alejada Buenos Aires, tal y como se registraba en el semanario *Caras y Caretas* de esta ciudad con cruel ironía:

---

[1] Registro de Campo N. 1, GM, Casa de Gobierno de La Pampa, Santa Rosa, 1989.
[2] Registro de Campo 2. Cena con JT, MG y NL. Santa Rosa, 1990. Restaurant El Asador de José.

«Los vecinos de General Acha... apersonándose al presidente de la República, le demostrarán como aquella ciudad era un emporio comercial en la vasta región pampeana, formado con el esfuerzo propio de sus pobladores, y cuán grandes serían los perjuicios que, semejante traslación, ocasionaría.»[3]

Jamás, General Acha, volverá a ser asociada a Buenos Aires como otra «capital». No sin costo, la historia oficial local de la periferia urbana de la llanura ha registrado este episodio como un «traslado» (Molins 1919), sin hacer referencias a las movilizaciones callejeras y a las represiones policiales que se originaron. El único periódico de General Acha, expresión elemental de esa cultura urbana que se intentaba reproducir, se «traslada» de una ciudad a otra.

¿Cuáles son las manifestaciones que comprometían las representaciones de *Pampa* y *pampa* en esos momentos de conflicto y que suelen aflorar en el mundo santarroseño?

La primera vez que se utiliza la palabra *Pampa* en los textos periodísticos referidos a Santa Rosa como una crónica histórica, esta se introduce en el contexto de un epílogo de un recordatorio que sugiere la epopeya de la fundación de una *Pampa* «completa», aunque el texto trata, en realidad, de la conmemoración del cumpleaños del que es considerado «fundador» de la ciudad. La asociación libre dentro del texto, entre «ciudad-pueblo» capital, fundada remotamente, y (territorio) de «La Pampa», organizado contemporáneamente a ella, no permite distinguir, en la acción fundadora del personaje —Tomás Mason—, la *Pampa* de la ciudad-pueblo en cuestión. Este hombre —Tomás Mason, fundador de *Santa Rosa*—, ¿fundó una ciudad-pueblo o la *Pampa* misma? La trama argumental de los periódicos crea una indefinición al respecto, una indefinición que podemos intuir hoy al hablar con santarroseños.

«Converso con PC, profesor de la universidad. Me comenta sobre los primeros pobladores de La Pampa ... de Santa Rosa, aclara. Le pregunto si Santa Rosa fue poblada antes. Me dice: 'El poblamien-

3 *Caras y Caretas*, 23.12.1899, s/p.

to se dio de este a oeste, siguiendo al ferrocarril.'
'¿El poblamiento de qué?,' le pregunto.
'De Santa Rosa, de La Pampa en general', me contesta.»[4]

En el epílogo del texto periodístico en cual se mencionaba la palabra *Pampa*, esta se introducía por dos parágrafos previos. En el primero, se realizaba un panegírico valorativo de las cualidades morales («espíritu emprendedor, progresista») y capacidades personales del «fundador» («visión de futuro, [sin preocuparle] la distancia,...el clima,...las inseguridades de la vida...»). Se establecía así un vínculo del personaje con un ámbito más extenso que el del núcleo urbano al que, se entendía que por naturaleza, correspondía: la «visión (del) futuro de grandeza de este suelo», un ámbito que no era ni «pueblo» ni «ciudad». El texto en su conjunto decía lo siguiente:

> «Espíritu emprendedor y progresista, supo auscultar con clara visión el futuro de grandeza de este suelo, y es así que durante sus mejores años emprende hacia él la cruzada pobladora, sin preocuparle ni las dificultades de la distancia, ni las contingencias del clima o las inseguridades de la vida.»[5]

En el segundo parágrafo se establecía un «cronograma retrospectivo» del «fundador» sobre la base de «datos» que procuraban demostrar su relación con el lugar fundado.

Según la crónica, los propietarios de las tierras de la fundación, militares que habían participado de la campaña de Roca, habían decidido el relevamiento del lugar justo un año antes de la promulgación de la ley por la cual se crearían los territorios nacionales, entre ellos, el de La Pampa. Esto no hace sino avalar las suposiciones, corroboradas, por otra parte, por este mismo texto que analizo (ver más adelante), de que las supuestas «fundaciones» de núcleos urbanos, como el caso de *Santa Rosa*, estaban condicionadas por la relación que el propietario de las tierras tenía tanto con el poder político local (Gobernación del Territo-

---

[4] Registro de campo. Entrevista con PC.
[5] CAP, 1 de febrero de 1922, Nº 7746, p. 2, col. 1-4 y p. 3, col 1.

rio) como con el poder político central (Poder Ejecutivo Nacional-Ministerio del Interior), así como con el poder económico capaz de garantizar una renta adecuada de las explotaciones (empresas de ferrocarriles). Sólo así se explican las excepciones, como las de este caso, de militares todavía vinculados (seis años después de terminada la campaña, si confiamos en la crónica o trece años, si nos atenemos al momento de las «fundaciones» —venta de lotes—) a las tierras con las cuales se retribuyeron sus servicios. Como ya han demostrado otros trabajos, la tendencia general de estos primeros poseedores fue desprenderse de los bonos que les garantizaban la propiedad en lugar de efectivizarla en tierras (Marre y Laurnagaray 1987).

> «Allá por el año 1883 el señor Mason en compañía del general Viejobueno y el coronel Remigio Gil salieron de Buenos Aires en dirección al territorio, y llegados aquí resolvieron la fundación de un establecimiento ganadero y el 8 de febrero del 85 el señor Mason fundaba La Malvina en los lotes 11, 12, 19 y 20 de la letra D de la sección segunda con 40.000 hectáreas de extensión, plantel de 5.000 animales vacunos y 20.000 ovinos.»[6]

El razonamiento que se construía en el texto se aparta del foco puesto en el «fundador» para explicar, en un «contexto histórico» de aquel, («Corría el año...; Era en ese entonces...; Algo después...») la relación administrativo-económica (gobierno-ferrocarriles) de parte de sus propiedades (los «lotes 19 y 20»):

> «Corría el año 1887 cuando ya se trazaba el recorrido de la 'línea' del ferrocarril de Bahía Blanca y Noroeste y cuyos estudios llegaban a Villa Mercedes y Río Cuarto pasando por los lotes 19 y 20, paraje conocido con el nombre de Fortín Toay, cuando se procedió antes de la colocación de los primeros rieles, a la mensura de dichos lotes que habían sido comprados por un señor Diego Herhards...»[7]

---

[6] CAP, 1 de febrero de 1922, N° 7746, p. 2, col. 1-4 y p. 3, col 1.
[7] CAP, 1 de febrero de 1922, N° 7746, p. 2, col. 1-4 y p. 3, col 1.

El texto no aclara si se tratan de los mismos lotes «19 y 20 de la letra D de la sección segunda» mencionados en el parágrafo anterior, por lo que el lector debía suponer que se hablaba, efectivamente, de los mismos que, cuando culminaba el parágrafo, se establecían como sede gubernamental para toda la *Pampa*, no sólo para la ciudad: «Y por decreto del gobierno nacional —se decía— fueron declarados el asiento de las autoridades territoriales y capital de La Pampa.»[8]

Se marcaba luego una interrupción y se daba paso a una explicación de los fundamentos de la fundación que no podía sino relacionarse con *pampa* y *La Pampa*. La pauta a seguir era la de retomar las dos argumentaciones conocidas y que eran comunes en otras ciudades, la de la decisión del «gobierno» y la de la llegada del «ferrocarril».

En primer lugar, la fundación a partir del «gobierno», se presenta por una relación azarosa («Un día...») entre los ámbitos del poder político y el del poder económico. El gobernador del Territorio «insinúa la conveniencia de fundar un pueblo» al dueño de las tierras y, sin que sepamos porqué, el parágrafo termina con la elección de ese «pueblo» como «capital actual del territorio». Se actualiza así la asociación «La Pampa»-«territorio» por medio de la palabra *capital*, que vuelve a mostrar la indefinición que se atribuía a la *Pampa*. La Pampa no era «la *pampa*», sino un «territorio» con su «capital»:

«Un día, el gobernador Pico le insinuó al señor Mason la conveniencia de fundar un pueblo cerca de Toay, en el lote 12, pero este, sin dar una contestación categórica, pensó en la idea del general y a los pocos meses, le remitía el plano del nuevo pueblo. El 22 de abril de 1892, en compañía de algunos vecinos, se dio principio a la venta de lotes del nuevo pueblo que el señor Mason lo bautizara con el nombre de Santa Rosa en recuerdo de su esposa, capital actual del territorio.»[9]

---

[8] Ibíd.
[9] Ibíd.

En segundo lugar, la fundación a partir del «ferrocarril» se presenta posible por una acción deliberada del «fundador», quien se había ido mostrando desde el comienzo del texto y remarcando enfáticamente como un «hacedor» («... la labor y los esfuerzos...»). La representación del espacio se organiza en torno a un modelo en el que hacía responsable a un «hacedor-fundador», y no a otros factores, la posibilidad de una *Pampa* «Territorio»-«ferrocarril» dependiente del control de aquel sobre la organización urbana («capital»). «Comprendió el señor Mason —decía el texto— que era necesario completar su obra de adelanto cuando llegaron a las puertas del pueblo el ferrocarril, el que en ese entonces alcanzaba Trenque Lauquen.» Queda claro para los lectores santarroseños, que la «llave» de la «creación» del espacio no podía concebirse independientemente de aquellos «hacedores» de ciudades-pueblo.

Al hecho central y remarcado de lo fundacional («...el primer ferrocarril a La Pampa...»), el texto se reconcentra una vez más en las particularidades de la «fundación» urbana del «hacedor» pero se van encadenando las «explicaciones» retrospectivas siempre con referencia y en relación al organizador «gobierno (territorio)-ferrocarril» y su condicionalidad para la realización de «La Pampa». De esta manera, esta porción del texto que comienza con una referencia al pasado «político» de la ciudad-pueblo «(En el año 1900 el general Pico después de haber gobernado 9 años el territorio con acierto y discreción, renunció al cargo y en su lugar fue nombrado el doctor José Luro, quien a los tres meses de gobierno, solicitó la traslación de la capital de General Acha a Santa Rosa, lo que fue decretado por el superior gobierno con fecha 23 de marzo de dicho año)» y se va encadenando de manera de narrar episodios de su historia urbana, termina retomando y «retornando» al pasado «político» pero ya no sólo de la ciudad-pueblo sino de «*La Pampa*» toda.

El texto culmina con una extensa descripción edilicia de la ciudad-pueblo que sería muy largo incorporar aquí. Vale más la descripción reiterada del procedimiento de conclusión que se utiliza luego de esta larga exposición. La apología del «fundador», enfatizada y, en apariencia, circunscripta a la relación de este sólo con el ámbito urbano, se diluye en la obligación que el texto instruye al lector para que relacione, nuevamente, «fundador» y *Pam-*

pa. Pero, esta vez, la relación se establece a través de la primera utilización del adjetivo «pampeano», atribuido a la modificación de «pueblo», término que sólo ha sido utilizado en el texto en relación al ámbito urbano. La polisemia de «pueblo» es explotada para la reconstrucción social del espacio *Pampa* como «pueblo pampeano», a partir de la creación de un retorno argumentativo en el cual es el «pueblo pampeano» el espacio social que aspira a los logros colectivos que aparecen como superiores («provincialización») y también es el «pueblo pampeano» el espacio social que se presenta receptor de las acciones del «fundador». Dado el argumento del texto, que se encarga de representar al fundador como el responsable de obtener y eficaz obtenedor de aquellos «anhelos» supraurbanos, no es difícil establecer la representación final que el texto transmite y que, de hecho, es introducida explícitamente en otro texto que se incorpora inmediatamente luego con la forma de un comentario editorial: el «fundador», dada su condición de «creador» de una «situación» urbana, resulta ser «fundador» de *La Pampa*. Y esto había sucedido gracias al proceso demográfico que había implicado la urbanidad, que había permitido, y permite, la concentración de una población antes inexistente. «Fundar» es «poblar» y «poblar» es fundar «ciudades-pueblo». Sólo es posible la creación de «La Pampa» en la *pampa* sí y sólo sí a partir de la densidad demográfica urbana:

> «Don Tomás Mason: hoy cumple don Tomás el octogésimo aniversario de su vida o sean mil lunas que ha visto en su existencia. En su jubileo cantaremos una osanna a su obra, como poblador del territorio y fundador de esta ciudad hoy capital del mismo. La Pampa, la grandiosa, la que hacía poco había sido arrancada a la raza aborigen que la poblaba, fue el escenario donde desenvolvió este *pioneer* criollo su acción de progreso. Al estar a esta altura de su vida donde son muy pocos los que alcanzan debe don Tomás sentirse justamente satisfecho de su obra al comparar en su mente el pueblo que fundó hace treinta años con la ciudad que hoy es, debe experimentar el orgullo de los que han hecho obra buena y meritoria.»[10]

---

[10]   CAP, 1 de febrero de 1922. *op. cit.*

Puede verse a través de estos artículos como, de manera general, todos los elementos que fueron organizándose en el siglo diecinueve para representar la llanura y la forma de su control por el puerto también se hallaban presentes en el borde urbano de la llanura a fines del siglo pasado, en la primera mitad del actual y posiblemente en el presente. Sin embargo, el proceso por el cual esos preconstruidos son aceptados para representar el espacio todavía no se ha explicado, como así tampoco porqué y de que manera sirven para organizar las representaciones espaciales particulares que se necesitan en las distintas comunidades de la llanura. Es necesario estudiar cómo fueron implementadas estas representaciones en algún caso puntual de manera de advertir qué mecanismos tienen las sociedades de las ciudades nuevas para funcionalizarlas según sus propios objetivos —que muchas veces se reducen a los de una élite urbana que, junto al espacio, también debe auto-representarse—. La representación del espacio que le venía dada, preconstruida, debe cumplir múltiples ajustes, pero no puede perder la consonancia con el proyecto general. En el caso de *Santa Rosa*, una élite propietario-fundadora condicionaría de manera singular este ajuste.

7.
La invención de la historia de la ciudad

Un monumento con una pirámide en homenaje a la campaña militar del general Roca, la «Conquista del desierto», se ubica a pocos metros de donde vamos a hacer las compras y dónde está la estación de trenes. El monumento fue levantado originariamente en el centro mismo de la ciudad y lo trasladaron de ese lugar en 1942, al cumplirse los cincuenta años del momento en el cual se convino la «fundación» de la ciudad. Le he preguntado a algunos santarroseños y me dicen que se acuerdan de cuando lo sacaron. Algunos me dicen que es como la pirámide de Mayo de Buenos Aires. Advierto que no les gusta que les diga que en realidad no, ya que este monumento, aunque es una pirámide, en realidad conmemora la Conquista de Roca.[1]

Efectivamente en el lugar que ocupaba la pirámide, actualmente el general San Martín, héroe de la independencia, comenzó a significar otros valores para los santarroseños. El busto de Sarmiento, en un ángulo de la plaza, también se desplazó hacia otro lugar de la *ciudad* y muchas calles cambiaron de nombre. La gesta de la *pampa* urbana comenzaba a ser recordada y explicada a mediados de la década de 1940.

Era hora de un nuevo proyecto que, como el anterior, también se debía convalidar en la representación espacial. Los recordatorios de los orígenes, las fundaciones y la primera historia debían pasar de una convalidación, que ya se veía innecesaria, a una forma de recuerdo pasivo, un panteón estático con un protagonismo construido sólo en el discurso retrospectivo, la «historia de la pampa». Sarmiento, Roca, Mitre, Mansilla, Alsina y hasta el propio «fundador» de *Santa Rosa* (Tomás Mason) eran sustituidos de

---

[1] Registro de Campo 2. *Sobre los monumentos.* Santa Rosa, 1988.

la centralidad simbólica y pasaban al ejemplo legendario, a la referencia de la construcción de una «explicación de los hechos». Un paso afortunado y privilegiado si se lo compara con el que nunca pudieron dar aquellos miles de inmigrantes que jamás tuvieron un monumento ni figuraron demasiado en los libros de historia.

En el caso del indígena, la búsqueda reivindicatoria de lo local fue haciendo un uso puntual de los nombres con fines determinados, en esa pugna en la que el espacio santarroseño vivió a veces involucrado, esa tensión esporádica entre *ser de acuerdo y como* Buenos Aires había dictado o *ser otra cosa*. Es así que los nombres propios de caciques como *Calfucurá, Mariano Rosas* y algunas palabras indígenas tomados de la toponimia araucana (*Guatraché, Toay, Quemú Quemú*) fueron usados para designar algunas referencias espaciales concretas y aisladas y quedaron como *muestra* en el espacio urbano de esa reivindicación.

Ningún monumento, sin embargo, ni ningún uso de estos nombres y palabras existió como para que se promoviera un acuerdo general en la comunidad por un tiempo prolongado. De aquí que se puede advertir que nunca existió un consenso en torno a representar la *ciudad* como un espacio distinto que el que había venido construyéndose para la llanura toda.

«Estoy parado en la esquina de la avenida Roca y la rotonda de la Casa de Gobierno. Miro a los santarroseños caminar y cruzar la avenida Luro hacia la estación, hacia la explanada de la Casa de Gobierno. Otros cruzan la avenida Roca, se detienen en el cantero del medio. Hago lo mismo. Luego pregunto por esos lugares que hay en ese cruce: el Hotel Calfucurá, la rotonda, pregunto por calles y lugares que tienen nombre indígena. El Hotel Calfucurá, las calles Mariano Rosas o Quemú Quemú no producen en un santarroseño la idea de un espacio alternativo, distinto de la restante cuadrícula dominada por las plazas, avenidas, parques, bustos, monumentos y edificios designados con los nombres del panteón colectivo que funciona para todo el mundo urbano de la llanura rioplatense. Usan la palabra Quemú Quemú como un nombre propio cualquiera, sin ningún tipo de connotación a su contenido toponímico indígena.»[2]

---

[2] Registro de campo N. 1, Santa Rosa, 1988.

La *pampa* urbana, proyecto de una élite portuaria de realización político-militar sustentaba sus bases en el convencimiento de que, culminada la campaña militar del general Roca en 1879, ya nada detendría la urbanización plena de la llanura. Este proyecto debía pasar a un estadio de idealización más profundo si se pensaba en su culminación feliz. No solamente se trataba de que una élite poderosa consiguiera ponerlo en práctica a partir de un consenso generalizado entre los grupos de poder, sino que fuera tomado como propio entre los sectores sociales más diversos y localmente más dispersos de las sociedades de la llanura que se estaban formando.

Poseedores de tierras, campesinos, inmigrantes, indígenas «integrados», especuladores, inversores extranjeros, comerciantes, todos debían ser capaces de llevar adelante el proyecto como si fuera propio, demostrando una capacidad de materialización en la organización de sociedades urbanas fieles al dominio de la llanura, la concentración y control del puerto y los límites que este determinara para su alcance socioespacial. Esa capacidad de materialización implicaba la creación de verdaderas élites locales, capaces de liderar y, lo que debía ser más importante, lo suficientemente capaces para mantener ese liderazgo, o la generalización de los elementos que el proyecto implicaba, por un tiempo relativamente prolongado.[3]

Para el estudio de esta materialización poco vale la reconstrucción que los historiadores han realizado de las ciudades de la llanura, en general, y de Santa Rosa en particular. Sin embargo, haré una rápida observación de una «historia» de Santa Rosa, de tal manera que se entiendan ciertos mecanismos, especialmente de esa élite urbana santarroseña, que desempeñó un papel determinante como transmisora y adaptadora del proyecto al mundo local.

Un año después de la culminación «oficial» de la expedición militar del general Roca, su edecán, el coronel Escalante junto con un compañero de armas, el coronel Gil, decidían acercarse a las propiedades que, por métodos que es difícil clarificar demasiado

---

[3] Para un caso que guarda algunos puntos de contacto con el santarroseño, puede verse el trabajo de Michael Johns, especialmente en la relación entre burguesía y cultura en la elite urbana rosarina entre 1880 y 1920. (Johns, 1994).

en los archivos, habían conseguido obtener luego de su participación en la campaña. Aunque todas las versiones de investigadores han apuntado al famoso «reparto» de tierras con que el gobierno pagó a muchos de los oficiales que participaron en la campaña, lo cierto es que no hay pruebas de que esto haya sucedido con Escalante y Gil. En la crónica que la nuera de Escalante realiza en 1942 con motivo del cincuentenario de la *fundación* de Santa Rosa, esta habla de que los militares «adquirieron del gobierno nacional varios lotes de campo en la zona». Como han señalado Marre y Laurnagaray (1987), la reglamentación de repartos de tierras a militares de la campaña militar de 1879 no fue aplicada, por lo general, a las tierras de esta parte de la llanura. En cuanto a la ubicación de las tierras que poseía Escalante, me referiré con detenimiento más adelante.

Las tierras se ubicaban en el borde húmedo de la llanura, 620 kilómetros al sudoeste del puerto de Buenos Aires. Escalante era el dueño de dos lotes, el 18 y el 23 (20.000 hectáreas), pero además poseía 30.000 hectáreas más en la zona. Sus 20.000 hectáreas lindaban con las 40.000 hectáreas de Gil, Mason y Viejobueno (Marre y Laurnagaray, 1987: 41-42; Mason, 1914).

Estos «campos ondulados» y «de buena clase», en palabras de los primeros agrimensores que los midieron, además de excelentes para un establecimiento ganadero, tenían una posición ventajosa, ya que resultaban ubicados en la intersección de las vías de circulación de mercaderías y personas entre norte y sur y entre este y oeste. Organizado el establecimiento de Escalante y la estancia «La Malvina» de Gil, en 1883 llegaba para «administrar» —como ha sido denominado por el discurso historiográfico local—, el suegro de Gil, Tomás Mason.

Para cuando llega Tomás Mason, Escalante ha dejado de ser el dueño de la mitad de las 50.000 hectáreas que poseía en 1880. Para 1882 ha vendido la suscripción de 25.000 hectáreas, dentro de las cuales parte correspondían a los dos lotes, que sumaban 20.000 hectáreas, linderos con Gil.

En 1890, Escalante fallece. Le quedan 15.000 hectáreas, de las cuales sólo 5.000 lindan con las tierras que estaba administrando Mason. De estas 5.000 hectáreas, sólo las 2.500 que propiamente limitaban con las de Gil-Mason, subsistirán intactas más allá de

1900 (fecha de la declaración de Santa Rosa como capital) en propiedad de una de sus descendientes, Hortensia Escalante.

La Malvina —la estancia de Gil— estaba «poblada» (según la terminología de la época) con 5 mil vacunos y 20 mil ovinos en 1885 pero, en 1887, reduce su extensión a la mitad. La sociedad Mason, Viejobueno y Gil se deshace y, especulando con que el ferrocarril llegaría a esas tierras y con el traslado de la capital, se venden 20.000 hectáreas. Sin embargo, el proyecto se cancela y las tierras pasan al poder del Banco Hipotecario Nacional (Mason, 1914: 14).

En poco más de 5 años, la organización del espacio sobre la base de la gran estancia extensa deja de ser rentable. Tanto el establecimiento ganadero de Escalante como el de Mason-Gil se diluyen como formas productivas. A ambos les quedaban pocos recursos —tierra— para seguir enajenando y poner en producción, en todo caso, un resto que no reportaría los beneficios esperados en relación con la tecnificación —aguadas y alambrados— que necesita.

A partir de ese momento —estamos en 1889— Mason reorienta su forma de concebir la organización productiva de la tierra que controla. La «administración» in situ que lleva Mason de los restos de La Malvina está lejos de parecerse a la de un simple capataz de estancia de la llanura argentina. Los primeros pobladores y hasta los familiares de Escalante recuerdan que Mason no se concentraba en reorganizar la producción ganadera de la estancia. Mason tenía *in mente* explotar el espacio de otra manera, llevar adelante una organización que los inmigrantes que se iban afincando en el lugar intuían que correspondía a sus expectativas. No existe texto historiográfico local que no haya hecho referencia, basándose en los testimonios de los primeros pobladores, al poder —inexplicado— de Mason para «atraer» inmigrantes, «convencerlos» de afincarse en el lugar, «hacerlos» modificar sus planes originales de manera de que «concluyeran su trayecto ahí» (Covas y otros, 1984: 24). Este «poder» se refleja en la complejidad económica que iba adquiriendo Santa Rosa. Santa Rosa (en realidad, Mason) conseguía un crecimiento sostenido e inigualado por el resto de los núcleos cercanos, aún mucho antes de la llegada del ferrocarril (1897) (Maluendres, 1992: 75).

Sin embargo, el poder de Mason no se basaba únicamente en la propiedad. En primer lugar porque él es el dueño de una parte y sólo «representa» a la otra, pero, en segundo lugar, y lo que es más importante, porque él y su yerno el coronel Gil no se encuentran entre los «grandes propietarios» de la tierra. No sólo porque en el momento en que Mason ponía en práctica «su» idea de *pampa* urbana estaba asociado y administraba una pequeña propiedad. Sino porque además, ni Mason, ni Gil, ni Viejobueno habían poseído suscripciones de grandes extensiones, como muchos de los vecinos que habían tenido tierras linderas a las suyas. Como ejemplo considérese que, uno de los más pequeños había sido precisamente su vecino, Escalante, que en 1880 había formado parte del 52 por ciento de los grandes propietarios de la zona, es decir de aquellos con superficies mayores a las 40.000 hectáreas (Marre y Laurnagaray, *op. cit.*: 9).

Pensar que su poder estaba basado en la concentración de tierra no parece ser una explicación de la capacidad que desarrolla Mason para la consolidación de *Santa Rosa* como núcleo urbano. De la misma manera que para otras comunidades agrourbanas mediterráneas, unos fundamentos menos visibles hacían que la incipiente comunidad siguiera su nuevo proyecto. Como estudiara Giovanni Levi, algo similar ocurría para el pueblo de Santena. También en Santa Rosa,

> «una lectura demasiado economicista de esta sociedad, por tanto, pondría el acento ante todo en la búsqueda directa del enriquecimiento y ocultaría un gran esfuerzo colectivo y cotidiano de solidificar instituciones que garanticen una mayor previsibilidad. Este pueblo campesino no se limita a reproponer fragmentos residuales de su pasada economía moral, sino que trabaja selectivamente en la creación de instituciones, estructuras y situaciones de control del mundo natural y social» (Levi, 1990 [1985]: 117).

Esto se corrobora si uno estudia las narraciones de los primeros pobladores. Juan Monnier, un niño que llega con la primera familia que se instala en el lugar, nos da indicios acerca del poder que Mason ponía en ejercicio en función de su proyecto:

«Tres días antes de llegar al término de nuestro viaje la galera se para en el camino y un hombre muy avenido se baja y nos pregunta: adonde van ustedes? Para Toay. Y nos dice: 'En Toay no hay nada, pero es conmigo que tienen que venir justamente.' Ese hombre era el señor Thomas Masson. Nos dice: Vayan ustedes en la tranquera. Allí encontrarán un hombre, es un francés, díganle que soy yo que los mando y se quedan con el hasta que yo regrese.»[4]

Pero también nos muestra la cara del consenso a través del reconocimiento de la labor de un *fundador*, un pionero, aquel que supo interpretar y liderar la puesta en práctica del proyecto que todos querían que funcionase y que no fracasara, ya que el fracaso hubiera sido el fracaso de todos por igual.

«El señor Masson había trabajado mucho, si tenía cabellos blancos, los había ganado; no era muy fácil para hacer venir toda esa gente.»[5]

Menos de 10 años después de su primer contacto con esa parte de la llanura rioplatense transformada en «su» propiedad, el 22 de abril de 1892, frente a la iglesia, Tomás Mason «fundaba» Santa Rosa («Rosa» por el nombre de su mujer, Rosa Funston), en el ángulo sudeste de las propiedades de Gil y enfrente de los últimos remanentes de las tierras de Escalante, sobre la base legal de la organización administrativa del Territorio dividido oficialmente en 9 departamentos (1888) y con el impulso oficial para el establecimiento de núcleos urbanos en la nueva frontera. Durante los siguientes 24 años Mason será el juez de paz, el intendente, el *fundador*, acostumbrando a los santarroseños a verlo para siempre entre sus vidas mucho más allá de su poder como propietario.

Si se pudiera hacer una semblanza que sintetizara las razones en las que se fundaba el poder inmaterial de Mason (siguiendo a

---

[4]   AHPP. Monnier, 1939 [1938]. La historiografía y la mitología local siempre ha hecho referencia a que el primer llegado fue un inmigrante francés, León Safontás, a que Mason invitó a quedarse y hasta le ofreció un terreno para que construyera su vivienda.

[5]   AHPP. Monnier, op. cit.

Giovanni Levi) serían las siguientes. Tomás Mason es inglés, vive allí (no es absentista); tiene y ostenta vínculos muy fuertes con el poder central de Buenos Aires; no se vincula preponderantemente a las actividades rurales, sino a las urbanas; acepta y busca jerarquizaciones dentro de las primeras forman que sirven para ello y que se configuran en la organización urbana; realiza gestos que, aunque no carentes de interés pragmático, van más allá de un interés puramente especulativo y económico (donación de lotes a las sociedades de inmigrantes —españoles, italianos—, para la construcción de un hospital, de una escuela) y, por último, *representa a Buenos Aires* (élite porteña) que es la que, al fin y al cabo, ha desarrollado el proyecto y lo lleva adelante y, por consiguiente, se lo percibe relacionado con el panteón colectivo que funciona en la llanura.

Ahora bien, hasta allí una cronología mínima junto a una explicación relativamente independiente de las narraciones históricas de Santa Rosa. ¿Qué grado de concordancia tiene esta explicación con la que la historia urbana de Santa Rosa se ha dado? ¿Qué grado de funcionalización debió darse, cómo se ajustó la explicación histórica del poblamiento y la ocupación para gestar una historia «de» la *ciudad* acorde con los objetivos y propósitos que se trazaban tanto desde Buenos Aires como desde Santa Rosa y desde otros puntos de la llanura? ¿Con qué elementos contaron los santarroseños para crear esa «pampa urbana» desde la idealización de un origen común? ¿Qué elementos indispensables, creyeron aquellos que controlaban la organización del espacio de la llanura, debían utilizarse para llevar a cabo esa organización social?

Como esbozó originariamente Kevin Lynch (Lynch, 1972) y reelaboraron posteriormente otros autores (Fisher, 1989; Jacob, 1987), uno de los aspectos más distintivos del nacimiento de una organización social urbana es la presencia, en una *ciudad*, de la necesidad de gestación de un nacimiento y de una consecuente explicación de ese nacimiento que sea aceptada. Un nacimiento que, en el caso de la llanura rioplatense finisecular debe guardar consonancia con una explicación vigente —un relato sobre los orígenes— de lo que la llanura era (significaba) en un momento particular, es decir una *pampa*.

Ahora bien, ¿qué significa la creación de un «relato sobre los orígenes»? Se suele llamar relato sobre los orígenes al discurso o conjunto de discursos de expresión verbal y no verbal que narran el surgimiento de una tribu, pueblo, país o grupo social. Estos relatos se crean casi siempre en las sociedades tradicionales o premodernas; su producción, o, al menos, la época de su fijación escrita, acostumbra a ser muy posterior a la de los hechos referidos; suelen surgir en la sociedad de la que tratan; en muchos casos mantienen gran parte de su influencia en la época contemporánea; sus temas son de tipo político, religioso y caracterológico; a veces fueron creados como programáticos o fundacionales; a veces, sin embargo, han sido o son usados de ese modo (Asociación Vasca de Semiótica, 1996: 1).

Este tipo de creaciones no parece ser excepcional en el mundo urbano español y latinoamericano. Mecanismos similares fueron descriptos para las historias de ciudades españolas de los siglos XVI y XVII. «Mitos y discurso histórico iban encaminados a dotar a la península o a la ciudad, de valores simbólicos ya sea éticos, de ennoblecimiento por su origen ilustre, intelectuales o de dominio. En las historias de ciudades, tales valores se basaban, en primer lugar, en una narración clásico-épica de su fundación» (Quesada, 1992: 61).

La creación de un relato sobre los orígenes de Santa Rosa encaja con esta descripción y tiene relación directa con sus representaciones. Los alcances de estas representaciones del espacio de Santa Rosa y su influencia han servido para conformar, orientar o inducir distintas concepciones y también para determinar la construcción de su entidad espacial como *ciudad*. No pueden ser tomadas literalmente, como se ha sugerido (Covas y otros, 1984: 86), como formas de percibir el espacio en el pasado. Más bien importa su utilización posterior como forma de convalidación de un proyecto ideológico, de una intención específica para determinar e imponer una forma de entender la ciudad. Los textos que circulaban en el año 2005 en Internet referidos a la fundación de Santa Rosa parecían copiados de aquellos.

«Al final llegó el tan soñado y ansiado día, el de la fundación, el 22 de abril de 1892, hace apenas 113 años atrás. Día de júbilo para la pequeña población. Don Tomás pronunció unas palabras alusivas en el centro del potrero destinado a plaza. Se cavaron los cimientos del futuro edificio municipal y luego hubo vítores y hurras, bombas de estruendo y reparto de pañuelos de seda con los colores de la Patria. La fiesta terminó con asado con cuero, galleta y vino ... Como vemos, la fundación de Santa Rosa no tuvo la pompa y las rígidas ceremoniales de otras ciudades, sólo la voluntad inquebrantable de un hombre que supo transmitir su fe y su entusiasmo a un grupo de personas llegadas desde lejanos horizontes» (Región, 2005).

Santa Rosa debe en la actualidad gran parte de su gestación como espacio a aquel conjunto de representaciones producidas, reproducidas y finalmente adoptadas como del pasado pero llevadas hasta el presente; representaciones de un espacio que muchas veces se mostró necesario «modificar» y muchas otras «mantener», según fueran los intereses de quienes conseguían generalizar un discurso urbano más adecuado.

8.
El 'nacimiento' de la ciudad

GV: Yo no sé nada de la fundación de Santa Rosa...sí, que la fundó Mason.
HG: ¿Quién era?
GV. No sé, el dueño, supongo...[1]

Las búsquedas y explicaciones de ese nacimiento, puestas en el discurso urbano de Santa Rosa como un «origen» y una «fundación», giraron en torno a la representación de una Santa Rosa, o bien según lo prospectivo —y la construcción de una *ciudad* en ruptura con el pasado—, o bien lo retrospectivo, —y la construcción de una *ciudad* en continuidad con el pasado—.

Las referencias adquirieron, en diferentes momentos de la historia urbana de la *ciudad*, distintas formas, según fueran construidas en torno a términos de uso recurrente que se utilizaron para representar un espacio urbano en gestación o en culminación: «atraso», «progreso», «nacimiento», «muerte», «vida», «crecimiento».

«Origen» y «fundación», como parte de esa tensión entre «continuidad» y «ruptura», se constituyeron en focos de pensamiento entre los cuales se organizaron una o varias representaciones de lo que se ha llamado «el espacio humano de la convivencia», un espacio que siempre queda definido temporalmente (Derrida, 1993).

No es posible, sin embargo, soslayar el hecho de que hubiera distintos grupos que conformaron una representación de Santa Rosa con un destinatario claro y objetivo para su propia pugna y con un determinado fin de liderazgo. Controlar el ámbito de decisión política, los círculos económicos y los espacios de la cultura,

---

[1] GV. Registro de campo 2. La fundación. Santa Rosa, 1991.

así cómo obtener el reconocimiento sociogrupal permanente, fueron las luchas en las cuales el espacio se representó.

Sin embargo, más allá de los destinos finales de esas luchas, se fue creando una concepción, con límites más o menos precisos, en un tiempo y un lugar distinto. Al transcurrir el tiempo y modificarse los fines por los cuales los grupos disputaron o, incluso, desaparecer de la pugna los mismos grupos, ciertos elementos de cómo representar el espacio subsistieron y volverían a ser utilizados.

El mismo proceso de semantización del espacio hizo que se operara un discurso sobre estos elementos, haciendo que, algunos de ellos, como la «fundación» y el «origen» se cristalizaran con la misma fuerza de un monumento, en ese correlato entre hecho y discurso que la representación espacial parece establecer (Jacob, 1987: 214).

Nuestro interés, por lo tanto, no es el de tratar de advertir cómo «era» Santa Rosa —cuestión que también es importante—, sino cómo *fue y es pensada*, como se verbaliza el espacio de manera de hacerlo «convincente». De la misma manera que para el Montpellier de 1768 estudiado por Roger Darnton, mi interés pasa por saber cómo se induce en los santarroseños una conciencia del espacio que se traduce en sus prácticas culturales, en un mundo materialmente inexistente aunque ideológicamente establecido para toda la llanura (Darnton, 1987: 111).

«Fundación» y «origen» se organizaron en *Santa Rosa* a partir de las percepciones para explicar una génesis. Una primera organización se constituyó desde las referencias al espacio social de la *fundación*, llamado *pueblo*. Lo primero que se advierte es que el todo social urbano de *Santa Rosa*, que incluía y confería una identidad «santarroseña» que se individualizaba, focalizaba y personificaba, no se «explicaba». La *génesis* del *pueblo* se concentraba en la recreación de la imagen de un *fundador* —Tomás Mason—, de propietarios y de protectores. «El *pueblo* de *Santa Rosa* de Toay —se decía en 1899— fundado en terrenos del coronel don Remigio Gil por el antiguo vecino del territorio don Tomás Mason, con la aprobación y protección omnímoda del gobernador general don Eduardo Pico al que debe ese pueblo su existencia.»[2] Es

---

2   CAP, 10 de diciembre de 1899, Nº 338, p. 1, col. 1-2.

recién en 1942, para el cincuentenario de la «fundación» de la *ciudad*, cuando se realizarán las «explicaciones» y «aclaraciones» acabadas de los móviles, fines y protagonistas y que la *fundación* se incorporó, no sólo a esos eventos que merecían ser recordados junto al *fundador*, sino que también se la incluyó en el grupo de aquellos que merecían ser festejados.

A pesar de que antes de 1942 la *fundación* no se explicara, se utilizaba según distintas formas de convalidación de lo realizado y con distintos sentidos. El hecho de la «presencia» del *fundador* Tomás Mason en la lid por el poder de los ámbitos de decisión urbana hizo que se produjera un proceso, no exento de tensión, en el cual el sentido de la «fundación» evolucionó desde la mera enumeración de las referencias y las acciones particulares del *Mason*, hasta pasar a significar la explicación más acabada del origen común de mundo urbano. Aún así, los textos con fines recordatorios que hicieron referencia a la *fundación* se ocuparon de la *ciudad* sólo con el propósito de resaltar las obras y la vida particular del *fundador* Tomás Mason, administrador de las tierras que se destinaron al parcelamiento urbano original.

Aunque en 1919 el origen de *Santa Rosa* empezó a aparecer como un evento del pasado merecedor de la elaboración de un texto recordatorio, no es hasta 1922 que se realizó el primer texto que ensayó una explicación de ese origen, incluyéndolo en el marco más complejo de una creación, de una gesta, a veces hasta denominándola *fundación*.

La *fundación* se utilizó con un sentido más amplio que el de un elemento de la vida particular de Tomás Mason, transformándola en una compleja explicación del origen colectivo. Hasta este momento, la vida pública de Mason y la *fundación* de la *ciudad* —elemento de esta vida pública— no se separaban de su acción como líder político. Enemigos y aliados, en su pugna por el poder, tomaban y retomaban el argumento fundador-fundación con la aleatoriedad de sus intereses coyunturales.

Hacia mediados de la década del diez, nuevos grupos que irrumpieron en la vida urbana y trataban de ganar un lugar a otros de mayor poder y antigüedad, utilizaban la vida de Mason, en tanto que representante de un pasado que se remontaba a los orígenes, para ejemplificar las características de una continuidad que relacionaban con el «atraso», la amenaza a lo que denominaban el «progreso», y para alertar de la posibilidad de que, si se continuaba y se imitaba al *fundador*, se involucionaría hasta la desaparición de la *ciudad*.

> «Viene el invierno y pasa el invierno viene el verano y pasa el verano y siempre las oficinas centrales de correos y telégrafos nacionales de este distrito, continúan en el mismo local de toda la vida o sea en la pocilga imposible, de propiedad del adinerado don Tomás Mason con poder hasta en las altas oficinas 'de Correos' que le permite continuar años y más años formulando propuestas y contrapropuestas de arreglos y refacciones que jamás hace y que nunca pensó hacerlas.»[3]

Esta posibilidad de cuestionar a un «fundador» no es nueva en el borde de la llanura rioplatense para esta década. Desde otras ciudades de la red urbana, que rivalizaban por el control del espacio económico y político con *Santa Rosa*, se cuestionaba fuertemente no sólo la responsabilidad de Mason por su acción urbana sino el entorno de sus allegados y del grupo político de sus aliados. Desde «fuera» de la *ciudad*, era claro que «Santa Rosa hoy, como desde el día en que fue edificada la primera casa de material está llena, absolutamente ocupada con el ambiente del señor Mason.»[4] La idea de un *fundador* cuestionado y el derivado local de *fundador* como representante del «atraso» puede considerarse propia del mundo urbano de este tiempo. «Fundación» y «fundador» no sólo fueron parte de esa base mítica que se pensó en la década del cuarenta, sino que definieron también la confrontación entre lo viejo y lo nuevo, lo antiguo y lo moderno, el atraso y el progreso.

Contemporáneamente al alejamiento de Mason de la pugna por el poder de decisión de la *ciudad*, y en respuesta a ese permanente ataque que generaba el sentido de lo «viejo» como no perteneciente al ethos urbano, aquellos que por distintas razones se percibían incluidos en este viejo grupo y que, por lo tanto, adoptaban y daban por cierto este mensaje marginalizador, reutilizaban los ele-

---

[3]   AUT, 22 de enero de 1915, N° 1234, col. 2 y 3.
[4]   CAP, 1899, 338, p. 1, col. 1-2.

mentos de su vida pública, entre ellos la *fundación*, y producían una nueva imagen con nuevos significados. Dándole a los sucesos de la vida de Mason el sentido de lo heroico, lo eterno y lo genético —con el fin de crear una justificación permanente a su existencia grupal— trataban de connotarse asimismo como portadores y protagonistas de los eventos más profundos del origen y la vida de la *ciudad*.

En 1922 se produjo una primera crónica de la *fundación*, relacionada con el trigésimo aniversario de la fecha estipulada como la del nacimiento de la *ciudad*. Esta crónica, en realidad, no se ocupaba de la *ciudad* en sí y de los intereses colectivos que la animaban a constituirse como tal o se combinaron para realizarla sino que se refería exclusivamente a lo realizado por Mason y se producía como parte de un conjunto de textos destinados a valorar la imagen de Mason con motivo del 80º aniversario de su nacimiento. En este texto, y en aquellos que se realizaron específicamente para conmemorar el cumpleaños de Mason, se incorporó por primera vez la referencia al «progreso» en relación con la *fundación*. Lo viejo (el fundador) aparecía como responsable del «progreso», es decir que el pasado (y todos los que en él habían participado) se presentaban como los encargados de crear el «progreso» visible en la actualidad. En los periódicos locales se decía que

«la labor y los esfuerzos de su fundador siguieron más allá y desde esa fecha memorable ha venido ejerciendo su acción tesonera por los progresos de su pueblo.»[5]

Los que se asociaban a lo viejo no aparecían como elementos contrarios al «progreso» sino como sus impulsores en el pasado, sus verdaderos creadores y, por lo tanto, sus más fieles conocedores e intérpretes. Mason era entendido, como *fundador* y creador del origen mismo de la *ciudad*, el primer realizador de este «progreso». Ya habían pasado seis años del alejamiento de Mason de la lucha por el control del ámbito político local.

---

[5] CAP, 1 de enero de 1922, Nº 7746, p. 1, col. 1.

«Tomás Mason, *for ever*, hoy es el 30 aniversario de la fundación de esta ciudad por el *pioneer* del 'progreso', el viejo don Tomás, como cariñosamente se le llama ahora, después de su jubileo.»[6]

Tomar un elemento propio de la ruptura con el pasado, el «progreso», e incorporarlo a la revalorización de la continuidad, tenía como objetivo producir una conciliación con el fin de mostrar la funcionalidad de aquellos que se percibían incorporados al pasado de la *ciudad*. Se decía que

> «Repetir aquí la historia de este esforzado y empeñoso obrero del bien del territorio, sería una redundancia desde que, en la conciencia de todos los habitantes de esta capital, antiguos y modernos, está arraigada la convicción de que su obra, es digna del aplauso y de la consideración general».[7]

Este sentido de la *fundación* y del *fundador* fue el finalmente adoptado. Aquellos que producían textos en 1915 alrededor de la figura de Mason como el principal representante de grupos ligados al «atraso» y a la decadencia, terminaban realizando textos explicativos acerca de cómo Mason llevaba adelante el «progreso» de la *ciudad* en sus primeros años de vida. Mason, en efecto, se convirtió en «un hombre con la idea fija en el porvenir, don Tomás Mason, fue el fundador y propulsor durante los primeros años. Y aquellas tierras abandonadas con la escasa población de los primeros tiempos, fueron atrayendo cada día un mayor contingente de hombres de labor, entusiastas, que le imprimieron mayores progresos.»[8]

Es evidente que esta reivindicación de Mason no pudo explicarse independientemente del hecho de su desaparición como opositor en el espacio sociopolítico, pero es innegable que ciertos elementos utilizados para refuncionalizar el pasado consiguieron imponerse en tanto apelaban a mecanismos profundos del inconsciente, —la *fundación*, la génesis, la paternidad colectiva, la

---

6 CAP. 22 de abril de 1922, Nº 7811, p. 2, col. 4.
7 Ibíd.
8 AUT, 23 de abril de 1928, No. 5155, p. 1, col. 3-4.

creación de un panteón propio—, en tanto Mason no era ignorado ni caracterizado en otro sentido que en el que configuraban estos elementos. Es más, otros elementos, que no eran utilizados con particular intención por la primera crónica de la *fundación* y los primeros relatos conmemorativos del nacimiento de Mason, por ejemplo aquellos elementos que apelaban a la nostalgia, al esfuerzo y a las condiciones adversas en que se desarrolló la obra de Mason, fueron paulatinamente incorporados y magnificados mucho después, distorsionando el sentido que los primeros textos le dieron a Mason, con un fin que escapaba al mero recordatorio porque apuntaba a idealizarlo como un prócer colectivo.

Este elemento de la cultura urbana santarroseña se pondría luego plenamente de manifiesto en el cincuentenario de la *ciudad*. La conmemoración del cincuentenario —22 de abril de 1942— fue seguida por las conmemoraciones de los cincuentenarios de los orígenes de otras instituciones de la *ciudad*. Los textos que se realizaron para explicar los orígenes de estas entidades, así como las celebraciones que se llevaron a cabo no indican que sobre ellas se percibiera la existencia de un tipo de gesta fundacional, sino sólo de momentos sucesivos de un origen en los que siempre se mencionaba un lugar físico y una decisión política, muchas veces personalizada, que permitió la creación.

Estas conmemoraciones, aunque muy distintas a la de la *fundación* de la *ciudad*, guardaban una estrecha relación con aquella. El hecho de que, además de celebrarse el cincuentenario de la *fundación* también se celebraran los cincuenta años de la Sociedad Italiana de Socorros Mutuos, de la Sociedad Española (1944), de la Escuela Número 2 (1943), de la Escuela Número 1 (1945) y se realizara un conjunto extenso de homenajes para conmemorar actividades que se juzgaban destacables y fundadoras, por ejemplo el Homenaje en el Plaza Hotel de Buenos Aires a la primera educacionista de Santa Rosa-La Pampa, (1942) (Schmidt de Lucero 1942), indica que la conmemoración de la *fundación* de Santa Rosa se incorporaba al grupo de los sucesos celebrables.

Es decir que ciertos elementos constitutivos del mundo ideal santarroseño hacían que los *cincuenta años* significaran la posibilidad de que lo eventos se transformasen, de creados o recordados con relativa precisión —la *fundación* de la *ciudad*, la *creación* de una sociedad de beneficencia o de una escuela, el *primer* maestro—, en eventos celebrables colectivamente, lo que significaba finalmente se incorporasen a un panteón colectivo y, por lo tanto, se asimilasen a ese conjunto superlativo de eventos recordables y celebrables a nivel nacional, las *fiestas patrias*.

Para 1942, la *fundación* no sólo estaba funcionalizada en un discurso promotor de la continuidad sino que iba en camino de constituirse en un evento incorporado al imaginario santarroseño mitologizado. Poco después se iría transformando en un elemento no valorado ni cuestionado, a la vez que iría permitiendo, en tanto que objeto imaginario, su utilización como elemento de un «ideal» de *ciudad*. Según esta concepción de la fundación, el «ideal» de la *ciudad* era aquel por el cual *Santa Rosa* no debía confundirse desde un afuera. *Santa Rosa* y su *fundación* debían servir para expresar lo que se «quería» ser, lo que no se quería ser y lo que se quería que se pensase que fuera *Santa Rosa* desde fuera de la ciudad.

8.1. El lugar para la fundación de la ciudad

EV: A Santa Rosa la fundaron en la estancia La Malvina..
HG: ¿Dónde es...?
EV: Es del otro lado de la laguna don Tomás; por esos se llama don Tomás, por Tomás Mason.
HG: ¿Se puede visitar ese lugar?
EV: Sí; nosotros fuimos con el colegio.[9]

Una segunda representación de la *ciudad* en sus orígenes es posible definir a partir de las referencias acerca del espacio físico en la que se creía producida la *fundación* y que se organizaba según subespacios que los grupos elegían como esenciales para explicarla. El subespacio que aparece en los textos con mayor reiteración, en el caso de Santa Rosa, se materializó en una *tranquera*.

La *tranquera* es el nombre que se le da a una puerta que se practica en algún lugar de los cercamientos para el ingreso a las

---

[9]   EV. Registro de campo 2. La fundación. Santa Rosa, 1991.

propiedades (estancias, chacras) en América en general y en particular en la llanura rioplatense. Mide alrededor de cuatro metros de ancho y está abisagrada por uno de los lados. De hecho, es una puerta rústica practicada en un alambrado, hecha generalmente con trancas.

Juan Monnier, hijo de inmigrantes, poblador en 1889 y emigrante de la *ciudad* en 1902, fue el primero en mencionar, en relación con los orígenes de la *ciudad*, el objeto mítico que será utilizado para gestar la identificación del punto espacial de la fundación de Santa Rosa, una *tranquera*. Monnier utilizaba el sustantivo como topónimo, con mayúscula, la *tranquera* (*vayan ustedes en la tranquera...*), porque la consideraba un punto, nominado, como un paraje, un *pueblo*. La idea de Monnier era que la *tranquera* no era sólo una entrada, sino un lugar, donde se realizaban actividades (*el había trabajado en la Malvina antes de venir en la tranquera.*).[10]

Entrados los años cuarenta, la representación del ese espacio elegido para el nacimiento de *Santa Rosa*, la *tranquera*, siguió significando un lugar donde se habían podido desarrollar distintas clases de actividades. Para Stieben (1946), un hecho fundamental en la historia de *Santa Rosa* era justamente que en 1891, «da repentino incremento a la afluencia de pobladores, el establecimiento de una posta en 'la tranquera' y que en el lugar mencionado hallábase la tranquera de entrada a La Malvina [donde] ... Don Tomás Mason...invitaba a los inmigrantes provenientes del este a no seguir a Toay, a quedarse en la tranquera» (Stieben, 1946: 12), pero también, para el propio Stieben, la *tranquera* era un elemento necesario para dar un sentido geográfico al origen de la *ciudad*. Según él, *Santa Rosa*, aunque fue fundada en 1892

«tenía existencia anterior, pues ya en 1889 comenzó a poblarse el lugar, desde donde se halla instalado el local feria de la Asociación Agrícola Ganadera de La Pampa, cruce de caminos recorridos por la galeras cuyo trayecto era Toay-Trenquelauquén y General Acha-Victorica.»[11]

10   AHPP. Monnier, J. 1939 (1938), s/p.
11   Ibíd.

Estos textos se refieren a un lugar determinado pero impreciso y, por lo tanto, la irrelevancia que tenía la *tranquera* en sí misma. No se procuraba hablar de la «tranquera», sino que una estabilidad debida a un consenso cierto —¿mítico?— le procuraba una entidad incuestionable, un sentido «físico», como si se tratara de una localización geográfica.

Este sentido geográfico dado a la *tranquera* por primera vez por Stieben en la década del cuarenta, siguió utilizándose posteriormente hasta la actualidad. En algunos manuales universitarios se dice, justamente, que

> «La tranquera estaba frente a la intersección de caminos de mensajerías y galeras, que en sentido norte-sur y este-oeste unían los poblados más importantes de la época ... paraje situado a pocas leguas al sudeste ... en las cercanías de la tranquera ... en el cruce de dos caminos de galeras que coinciden aproximadamente con las actuales rutas 5 y 35, habitaban algunos pobladores.» (Covas y otros, 1984: 23 y ss.).

Estos elementos tomados de la crónica de Monnier y de la crónica que, a partir de la de Monnier hizo Stieben, son los que sirven hoy día a los santarroseños para construir un discurso científico/geográfico de la fundación: «estos antecedentes marcan etapas previas a la fundación de la ciudad y la concentración de viviendas en torno de la tranquera» (Covas y otros, 1984).

Contemporáneamente a este sentido geográfico del origen de la *ciudad*, la *tranquera* comenzó a utilizarse con otro sentido, el de símbolo de la *fundación*. El presidente de la comisión municipal encargada de los festejos del cincuentenario de Santa Rosa, que realizó una crónica para el diario local en 1942 con el material recogido, afirmaba justamente que «allí, en esa tranquera, se gestó Santa Rosa.»[12] De allí en más, la construcción del espacio mítico de la *fundación* en torno a la *tranquera* ha permanecido inmutable hasta nuestros días.

En 1974 un autor de Santa Rosa —José Villarreal— en una recopilación de recuerdos de su niñez y adolescencia en la *ciudad*,

---

[12] Juan Garmendia en ARE, 1892-1942.

publicado recién en 1984 (Ver ARE, 1984-1985, Suplemento «Caldenia»), construyó una imagen, la primera que no intentó dar una explicación funcional/geográfica del lugar sino connotar y significar la *tranquera* como un símbolo (que ya Stieben había sugerido, con cierta ironía, como «*tranquera* mágica»). Villarreal parece tener claro que la *tranquera* no tiene nada más, y nada menos, que la importancia de una anécdota. Acotaba que

> «pasábamos entonces cerca del casco de La Malvina, cuando ya don Tomás Mason era apenas un recuerdo y casi un olvido. Mucho tiempo habría de transcurrir hasta que nos atrajera la historia de este pionero, hombre de frontera, antiguo capitán mercante, cuya imagen para mi estará siempre ligada a la anécdota que recogió Stieben y que lo muestra acodado en la tranquera llamando al eterno Safontás que pasa y vuelve a pasar con su carro y su gramática rumbo a un destino que no alcanzaría, pues prestaría oído —desprevenido Ulises— al canto que le insinuaba que ya había alcanzado el fin de su larga peregrinación hacia lo nuevo y lo desconocido...»[13]

De hecho, la *tranquera* no fue utilizada por todos los autores que se ocuparon de explicar el origen de la *ciudad*, pero los que la utilizaron le dieron siempre alguno de estos significados.

Se puede no dudar de la existencia física de la *tranquera*, sobre todo cuando para tantos autores es o fue tan presente su realidad material. Independientemente de ello, los textos que citaban y citan la *tranquera* para explicar la génesis de la *ciudad*, no hacen más que confirmar su existencia, pero únicamente en el ideario de aquellos que buscaron y buscan explicar la *ciudad*, como así también de aquellos que finalmente aceptan —y quizás busquen—, una explicación. Probablemente, como suele suceder con muchos relatos sobre los orígenes, la selección y estabilización de «un» relato no sea sino una forma de ocultamiento de detalles y razones que se consideraban impropias a la hora de la consolidación social de una sociedad urbana nueva y heterogénea como la santarroseña.

---

[13]   AHPP. ARE, 1984-1985, Suplemento «Caldenia».

En tanto Santa Rosa significa más que un conjunto edilicio y de-mográfico, esto es lo que finalmente importa. Muchos objetos con-temporáneos a la *tranquera* permanecieron hasta hoy en la *ciudad*, pero no siempre existieron o sobrevivieron en los textos. Muchos otros, como la *tranquera*, nunca existieron o tuvieron una vida material limitada —piénsese que los mismos materiales con que se construye una tranquera, la madera, condiciona su longevidad—, pero se inmortalizaron en la *ciudad* de los textos. Esta ha sido una constante en el proceso de constitución de la identidad urbana santarroseña. La conformación de un ideal colectivo espacial rela-tivamente independiente de la materialidad de la *ciudad*.

El argumento de *fundación* en torno al mito de la *tranquera* revela como, en el ámbito de definición de lo urbano y de su origen, al menos en el caso de las ciudades nuevas de la llanura argentina, los textos generalmente se relacionan entre sí y se van conformando los significados de distintos elementos entre las ge-neraciones que usan de un discurso fundacional para definir la *ciudad*. Aunque escapa a los objetivos de este trabajo, debe men-cionarse que, así como la *tranquera* adquirió una significación especial en los textos que intentaron explicar la *ciudad*, algunos relatos de los orígenes de Santa Rosa también fueron teniendo mayor jerarquía que otros. La *fundación*, por lo tanto, giró tam-bién alrededor de una organización mítica para aquellos que la crearon, utilizaron reiteradamente e intentaron generalizarla para explicar un «origen» y, ligado a él, construir un «status» privi-legiado en la ciudad.

De ahí que, al día de hoy, los textos de Monnier y de Schmidt[14] se reconozcan públicamente como crónicas oficiales de la *funda-ción* y, por lo tanto, se hayan convertido y se usen en el discurso urbano como documentos originales de la época de la *fundación* que sirvan para explicar la constitución de la *ciudad* y de lo que se-ría el nacimiento, la creación y su génesis. Ciertos textos, de hecho, los nombran como «crónicas oficiales», una oficialidad que autores locales,[15] en la década de los cuarenta, contribuyeron a gestar.

---

[14]   Monnier 1939 [1938] y AHPP. Schmidt de Lucero, 1942.
[15]   Garmendia, J., en ARE, *Santa Rosa*, 1892-1942. Suplemento Cincuente-nario y Stieben, 1946.

De manera similar se ha incorporado también la idea del «progreso», a la cual se asocia la idea del origen según una fórmula del tipo: e*l origen se debió al «progreso»*. Conjuntamente a esta vinculación de «progreso» y origen se desarrolló otra explicación: la de que, así como la génesis había significado «progreso», el no «progreso» podría significar la muerte, no «progreso» que se definió tanto como «atraso» tanto como «estancamiento», de ciertos aspectos de la *ciudad*. Los indicadores del «progreso» o el «atraso» fueron especialmente elegidos por aquellos que se decidieron a su explotación según sus fines específicos de competencia y expansión de poder en la *ciudad*. Generalmente se asociaron al mercado inmobiliario —un interés no oculto de Mason—, en el intento de jerarquizar una propiedad más que la otra a partir de asociarla o no al «progreso» o al «atraso»; pero también el «progreso» o el «atraso» se vincularon a instituciones que los grupos controlaron o intentaron controlar para ampliar su espacio de poder, por ejemplo, la cooperativa eléctrica o el municipio.

Ahora bien, el «progreso» o el «atraso», relación de gran peso en la representación del espacio santarroseño connotó necesariamente el discurso retrospectivo. La necesidad de oficializar una y sólo una historia de la *ciudad* contribuyó a que se fuera imponiendo una linealidad explicativa de la génesis de la comunidad, que no admitía ambivalencias o «contradictorias» explicaciones acerca de la conformación original del espacio y del ethos urbano santarroseño.

De esta manera, no sólo quedaron olvidados y ausentes en el anonimato aquella inmigración verdaderamente responsable de la concentración demográfica y económica que posibilitó el control y desarrollo del núcleo original, sino también aquellos que se alejaron del proyecto aunque formaran parte de las élites que lo digitaron y explicaron. Ayudados por factores combinados de ausentismo, fracasos económicos, muertes prematuras y falta de coordinación con la idea que prevalecía de urbanizar la llanura, un sinnúmero de propietarios de tierras, comerciantes, élite fundacional y primeros llegados fue paulatinamente marginado de las explicaciones que se fueron perfeccionando acerca del origen y la historia de la *ciudad*.

La marginación en la sociedad urbana santarroseña no fue, por lo tanto, una característica exclusivamente sieconómica. La marginación urbana fue también la consecuencia que se impuso a aquellos que fueron vencidos en la pugna y que no sólo no consiguieron hacer imponer su representación del espacio sino que tampoco pudieron re-producir las representación impuesta, quedando, de esta manera, fuera de los espacios de sentido que la *ciudad* reconocía en el desenvolvimiento de su cultura urbana. Estos grupos pasaron a significar la no-ciudad, lo no-urbano, y, como tales, quedaron expulsados por las fuerzas centrífugas de la *ciudad*, que, al no poderlos reconocer, los hacía ejemplos de lo «bárbaro», la negación, el abismo que se podría encontrar fuera de ella, que no era otra cosa que la incomprensión por parte de la *ciudad* de lo que no se reconocía como proyecto propio, es decir, como aquel proyecto generalizado en la llanura y que consistía en transformación urbana.

De hecho, una muestra de la marginación que practica Santa Rosa, se liga a la representación del espacio que se hacía con respecto a su etapa fundacional y desde un discurso retrospectivo. Al excluir otras versiones de su propio origen, *Santa Rosa* garantizaba una mayor sintonía con el proyecto rioplatense portuario. De esa manera, afirmaba la relación que en la llanura rioplatense se consideraba elemental para cualquier tipo de organización social urbana: la relación con el puerto de Buenos Aires. Un ejemplo de esta marginación lo constituye una crónica de la *fundación* jamás citada en las conmemoraciones, que pertenece, precisamente, al competidor más próximo de Mason, Escalante.

Como hemos visto, al momento de la llegada de Gil y Mason, las adyacencias inmediatas a sus tierras pertenecían al coronel Escalante. En contraposición a la versión oficializada de la *fundación* establecida por la historia santarroseña, la crónica «olvidada» de la nuera de Escalante describía otros lugares donde se gestó la primera población —no *la tranquera*— y distintas acciones primeras y fundamentales del responsable de los actos fundacionales:

«En los primeros días del año 1880, en vías de desaparecer los malones de los indios por la instalación de las guarniciones del Ejército Nacional, uno de sus jefes, edecán del Presidente de la República general Julio A. Roca, el coronel Juan Escalante, posteriormente mi suegro, conjuntamente con el coronel Remigio

Gil, adquirieron del gobierno nacional varios lotes de campo, en
la zona, entonces sólo conocida por fracciones A.B.C. y D. de la
sección II, del Territorio Nacional de La Pampa. El coronel Escalante, con unos pocos servidores y alguna hacienda, en compañía
del yerno del coronel Gil, Don Tomás Mason, se internó, desde
la Provincia de Buenos Aires (9 de Julio), con el fin de ubicar los
lotes 18 y 25, letra D, sección II de su pertenencia, en La Pampa.
A la misión arriesgada, la compensaban la fe y confianza en el
porvenir. Tras tentativas que no corresponden a estos recuerdos, el
coronel Escalante y sus acompañantes se ubicaron al pie de unos
médanos donde aquel levantó su Carpa Militar, primera edificación en la zona» (M.B. de Márquez, 1941).

A diferencia de lo enumerado por las crónicas y documentos
oficializados, el gesto elemental de la construcción del espacio
santarroseño —la puesta del nombre al lugar— no se debió a la
acción de Mason. En realidad fue Escalante el responsable del
nombre «Santa Rosa».

«Seguidamente se dieron a la tarea de construir dos ranchos de
paja, adobe, jagüel, corrales y alguna otras rudimentarias como-
didades que bautizó con el nombre de 'Santa Rosa', en homenaje
a su hija menor, Rosa Escalante. Esta población que se encontraba ubicada en la cabecera de lo que después fue llamada 'Colonia
Escalante', a varias cuadras de los 'antiguos corrales', y a pocas
más de la Plaza de esa Capital y que después fue conocida por
el 'boliche de Vidal', fue el antecedente del establecimiento de
su nombre, parte del cual pertenece a la sucesión de mi esposo. Poco después, calle por medio, permítaseme el símil, levanta
sus ranchos el señor Tomás Mason. Empezaba ya a conocerse esa
zona con el nombre de Toay y de ahí nace el nombre dado por los
conductores de tropas de carros y animales a todo ese radio, de
'Santa Rosa de Toay'» (Ibíd.).

La representación del espacio en el que tuvo lugar la «fundación» no oficial contrastaba con aquella proveniente de la historia
oficializada. Más allá de la pujante actividad urbana promovida
por Mason alrededor de la *tranquera* y el proyecto «claro» de concentración de población, una naturaleza virgen convivía con los
primeros pobladores.

«Santa Rosa era lo que la leyenda nos pinta en su iniciación. Los Ranchos que ya he mencionado y pajonales y caldenes en todo lo que la vista abarcaba. Aves de rapiña y animales de igual naturaleza en los que no dejaban de hacerse sentir los tigres. Entrada un poco más la civilización, con la construcción de algunos ranchos en las proximidades, funciona en los primitivos, la primera escuela regenteada por Lola Willy de Medhus, cuyo esposo era servidor del coronel Escalante y posteriormente de mi esposo y que falleció en un accidente en los montes de Caldén, que después pertenecieron a don Bernardo Iribas, hoy a Camarero, y en donde se encuentran sepultados» (Ibíd.).

Seis años antes de la *fundación* «oficial» de la *Santa Rosa* de Mason, Escalante había promovido, según la crónica, un asentamiento urbano de características complejas, en el que Mason no había participado.

«Se creó también la primera oficina de Correos, Comisaría, Alcaldía y Juzgado de Paz, desempeñando todos estos cargos, don Eliseo Correa, fallecido después pobre y totalmente olvidado, no obstante toda su contribución a la fundación de la Capital de La Pampa. Estos modestos servidores, los costeaba de su pecuneo mi suegro, el coronel Escalante. Es en esta época, 1886, que designan al primer Gobernador de La Pampa general Juan Ayala, por un período que duró hasta 1891» (Ibíd.).

Sin embargo, la acción posterior de Mason frente al espacio se describía con precisión. Se trataba de una acción fundadora, repleta de simbolismo, caracterizada por un «festejo» colectivo, algo de lo que se deduce, había carecido la acción de Escalante. Mason hizo partícipes *a todos* del gesto fundacional de un lugar nominado por otro pero que, debido a esto, se terminó considerando como suyo.

«En 1887 hasta 1892 tengo noticias de Santa Rosa por la correspondencia de mi esposo sus viajes a esta capital y las periódicas escapadas que a mi vez hago a esa. Es así que sé que Don Tomás Mason se apresta a fundar a un pueblo en los campos de su suegro, el coronel Gil, en los lotes A, B, C y parte del D, construyendo

algunas poblaciones. Ello lo hacía muy cerca de la Colonia Escalante, y era la iniciación de la futura Gran Capital. Primero unos
potreros delimitados por pajonales, algunos ranchos, y ya decidido
con esto los cimientos de 'Santa Rosa', en abril de 1892, se realizó
la fiesta, en que hasta 'cohetes voladores' se tiraron, según cartas,
festejando la fundación oficial de 'Santa Rosa', que don Tomás
Mason, puso en homenaje a su esposa y que debido al nombre de
la zona tuvo que agregársele el de 'Toay' (Ibíd.).

¿Qué perseguía Mercedes de Márquez con una crónica tan distinta de la oficial? Varias indicaciones dan pistas de su intención.
Por un lado, la frase «que tal vez sean conocidos» da la posibilidad,
sino de la selección, del olvido intencional. Por otro, el hecho de
«que habitó por primera vez en el perímetro que hoy abarca «Santa
Rosa» significa que la *Santa Rosa* de Escalante tenía una extensión
definida, un perímetro, aunque indefinida con respecto a los primeros pobladores. Se «era» primero si se había habitado «en el
perímetro de lo que hoy abarca 'Santa Rosa'», no en un determinado lugar. Se lo llamaba «perímetro que hoy abarca Santa Rosa»,
«zona», «radio»: este era el «lugar» de la *fundación*, reclamaba Mercedes, no una *tranquera*, una «plaza», un cruce de caminos.
 Mercedes de Márquez hacía una crítica velada a los que consideraban a *Santa Rosa* como un único punto y, por lo tanto, se
ligaban a ella, en 1941, casi con exclusividad, porque sólo ellos
habían podido acceder a él, como Mason, desechando a los que,
como ella misma «habitaron en el perímetro».
 Estos «olvidados», sin embargo, no habían sido «cualquier» persona. Involucraba a alguien «del Ejército Nacional, uno de sus jefes, edecán del Presidente de la República general Julio A. Roca, el
coronel Juan Escalante.» (Ibíd.). Mercedes de Márquez subrayaba
la forma intencionada que había tomado la marginación. Con
un argumento similar, también hablaba de una «época de fundación», no de un momento puntual. La «fundación» había sido un
período, que se precisaba arbitrariamente por convención a partir
de una documentación: «He dicho el día 22 de abril porque las
referencias de mis cartas señalan esa fecha como la de los grandes festejos a los que me he referido.» (Ibíd.). Pero, en realidad,
«todos» los que participaron de este período debían reconocerse

«fundadores», no aquel único que decidió un momento de la *fundación* (léase, Mason). El nombre de la *ciudad* también había sido utilizado para la marginalización. El «Rosa», de «Santa Rosa» había sido asociado a la *ciudad* por el nombre de la mujer de Mason —alguien «de paso por el lugar» (Ibíd.)— y no por el nombre de la hija de Escalante.

Según la crónica, también había habido una actitud (¿deliberada?) por parte de los que «han olvidado», aprovechar lugares y nombres ya utilizados, ya connotados, para confundir «su» *pueblo* con otros: «Toay», ya usado por otro *fundador* para otro lugar; «Santa Rosa», ya usado por Escalante, para su asentamiento.

Para mostrar la validez de sus afirmaciones Mercedes de Márquez hacía comentarios laterales al tema reivindicando figuras de «fundadores» y para hacer deducir al lector que Escalante habría hecho lo mismo que hicieron estos, pero con la diferencia de que a este no se le había reconocido su mérito. Decía que

«otra corriente de pobladores, por diferente vía y a cuyo frente se encontraba el coronel Manuel Campos se instalaba en el 'Fortín Adolfo Alsina', y aparejando la fecha con aquella, es decir en agosto de 1882, en los campos conocidos por 'Quetrén-Huitrú' cuya traducción parece ser 'Isleta de árboles', el nombrado coronel Campos, funda lo que fue Capital de La Pampa, 'General Acha' instalando allí sus poblaciones que luego fueron conocidas por la histórica 'quinta del coronel Campos'» (Ibíd.).

De esta manera, insertaba la *fundación* de la Santa Rosa obrada por Escalante dentro de una «oleada» de fundaciones, con el propósito de mostrarla en concordancia con los tiempos.

Ahora bien. Más allá de las pugnas particulares y locales santarroseñas por la aspiración de permanencia en la memoria colectiva, subyacen otras explicaciones que nos indican los profundos mecanismos socioculturales con que se definían estos pueblos campesinos. ¿Cuáles son, en última instancia los factores que hacían posible la marginación del discurso fundacional? ¿A qué se debe el «triunfo» de Mason y el «fracaso» de Escalante?

Dos explicaciones se desprenden del ejemplo santarroseño. Lo primero que explica esta cuestión es una razón de tipo socioespacial general y que se refiere a la definición de la *pampa* urbana. Escalante, malinterpretando al espacio «pampa», no llegaba a ver la idea generalizada que un puerto había venido perfeccionando por años. No había conseguido advertir que la forma más rentable —quizás la única— de hacer productiva la llanura era la de su urbanización violenta. Aunque recreaba un área compleja de servicios no conseguía representar ese espacio como un espacio urbano. En ningún momento, Mercedes de Márquez, aún a pesar de su afán reivindicatorio, se decidía a llamar «pueblo», «poblado» o «aldea» a ese conjunto de servicios organizado por Escalante.

En segundo lugar, una cuestión menos perceptible que la representación espacial y más ajustada de Mason con respecto a Escalante y que tiene que ver no tanto con ese «acuerdo» que circulaba por la red y que se pensaba que Mason interpretaba mejor, sino con la representación del propio Mason. Es cierto que Mason era el dueño de las tierras, el administrador de propiedades y concentrador de la burocracia. Sin embargo, Escalante también tenía este poder y, como él, el resto de los «propietarios» de pueblos y tierras que rodeaban la primitiva *Santa Rosa*. ¿A que se debía, entonces, el triunfo de Mason?

Mason representaba y ejercía, además de toda esa concentración de decisión y hegemonía, el acceso a un poder ilimitado, monopólico y único, que el resto de sus competidores no poseía. Controlaba un poder inmaterial, un poder de acceso a la cúpula de los gobiernos centrales, aquel que le permitía crear y recrear noticias e información acerca de ese mundo exterior que dictaba los destinos de la llanura toda. En definitiva, tenía el acceso al puerto, a Buenos Aires, «tocaba» al organizador de todo el espacio, pero volvía a *Santa Rosa* a dar «su» versión de ese contacto. De hecho, los viajes de Tomás Mason a Buenos Aires fueron muy frecuentes, tal como quedó asentado en los reportes de viajeros que aparecieron en los periódicos locales. Esto Mason lo conocía y lo estimulaba. A su llegada a Santa Rosa, una de las primeras cosas que hizo fue nombrar un representante, Juan Schmidt, que hacía las veces de él durante sus ausencias. Uno de los encargos de Juan Schmidt era, precisamente, difundir por *Santa Rosa* las actividades de Mason en Buenos Aires (ABE2. Mason, s/f.).

Mason se comportaba como el Giovani Battista Chiesa estudiado por Levi en el paese de Santena, haciendo uso de esa «vía que se dirigirá al prestigio, las relaciones y la capacidad de mediación entre comunidad y mundo exterior.» (Levi, *op. cit.*: 119). Y, de hecho, los santarroseños tenían y tienen un comportamiento semejante al de los santenenses. El crecimiento, expansión, desarrollo demográfico y creciente hegemonía de *Santa Rosa* promueven una inseguridad básica hacia el futuro comunitario que ellos sólo veían resuelta en su momento en Mason, lo mismo que describe Levi para el poblado de Santena:

«En la aceleración de la inserción en la unión estatal, la realidad local veía modificados sus límites: los límites a los que estaba restringida la información necesaria para prever los acontecimientos futuros con algún margen de certeza eran también límites psicológicos y elementos constitutivos del sentido local de seguridad e identidad. La brusca modificación de ese límite planteaba problemas inmediatos, imponía una reorganización de la experiencia: el flujo de informaciones debía ampliarse, dirigirse hacia cuestiones políticas y económicas cada vez más complejas. El espacio local estaba así disponible para la acción política de un nuevo tipo de notable, especializado en proporcionar noticias del exterior, en simplificarlas y en adaptarlas a la situación interna de la comunidad» (Levi, *op. cit.*: 125).

Y en esta simplificación y adaptación del exterior se filtraba la representación de un orden espacial para Santa Rosa y la «pampa» que parecía incuestionable. ¿Hubo manera de poner en cuestión ese poder y, a través de ese cuestionamiento, el de la misma representación del espacio local?

9.
Palabras y espacios de lo local: ¿qué somos?

IG: Debería ser pampeano (en relación al futuro intendente), san-
tarroseño, de una familia de acá, conocido del pueblo...
HG: Por ejemplo, de qué familias te acordás...
IG: No sé, las familias de toda la vida ...
HG: La tuya, por ejemplo...
IG: No, yo me refiero a la gente conocida...[1]

Lo urbano es entendido en este trabajo dedicado a la construcción del espacio como la representación de lo urbano —una
entidad colectiva ideal cohesionante y superadora de diferencias
grupales particulares y de su presencia en el plano intergrupal—.
Por su parte, el «discurso urbano» será el generador de la representación de esta entidad supragrupal —la ciudad— y servirá como
transmisor de la representación de esta entidad.

Desde este punto de vista, la *ciudad* no puede ser considerada
como tal en tanto no existe evidencia de su existencia en la comunidad, lo que no necesariamente implica que se deba considerar
su existencia a partir de los momentos en que los grupos expresan
que aconteció su creación. En el caso de Santa Rosa, justamente, no hay coincidencia en estas consideraciones. Por un lado se
«dice» de la existencia *desde siempre* de la *ciudad* —es decir desde
fines del siglo XIX— la *ciudad* eterna, «la fundación de la ciudad»,
cuando en realidad la generación de un discurso sobre la *ciudad*
no puede remontarse más allá de 1911.

Es decir que el estudio del «discurso urbano» debe contemplar
el análisis de estos dos aspectos de la representación del espacio

---

[1] IG. Registro de campo N° 2; Santa Rosa/Definición; 1988.

urbano y su confrontación; por un lado la creación y los usos de la *ciudad* como ese espacio supragrupal y, por otro, los usos de la *ciudad*, o lo que la sociología urbana y regional ha denominado la *lucha por la territorialización* (Sowa y Strubelt, 1992).

En la historia de la conformación de la representación colectiva del espacio y del espacio urbano, obviamente es esencial el análisis de las referencias a un término específico, *ciudad*, y los discursos que sobre estas referencias se producen. Sin embargo, *ciudad* puede no ser la primera referencia espacial a lo colectivo que una comunidad define.

Como dije con anterioridad, las referencias a *ciudad* en los textos que se refieren a Santa Rosa no aparecieron sino recién en 1911. Antes que esto sucediera, se generalizaba la utilización de otras representaciones colectivas, que, como se verá, se organizaban de manera particular pero que, al comenzar la utilización de *ciudad*, se reorganizaron y cambiaron de sentido. Los cambios en el uso de las palabras y sus significados guardan relación con las transformaciones que los santarroseños consideraban experimentar o con los que suponían que deberían corresponder a Santa Rosa.

Los términos de mayor uso en referencia al espacio local desde el inicio de la producción de textos de lectura colectiva como el periódico eran *pueblo* y *vecindario*. Analizo a continuación la utilización de uno de estos términos, *pueblo*, por ser este el de mayor uso recurrente en los textos que transmitían un discurso urbano.

9.1 «*Somos*» *un* pueblo

Las acepciones de la palabra PUEBLO en los primeros años de *Santa Rosa* eran dos:
* *pueblo* como sujeto colectivo en su uso específico (es decir como agrupación de individuos en un todo trascendente superior a la sumatoria de las partes) en referencia a un todo de carácter social.
* *pueblo* como sujeto colectivo en referencia a un espacio de carácter físico, espacios públicos, semipúblicos y privados del espacio físico urbano, que podía ser utilizado en expresiones como «el centro mismo del pueblo» o «el fundador y propietario del pueblo».

Pueblo, como sujeto colectivo de carácter social, se empleaba de manera predominante en los textos como sujeto de un conjunto extenso de predicados. Que la organización predominante en las referencias tuviera distintas formas de predicación indica claramente que *pueblo* no constituyó desde el inicio de la conformación del discurso urbano un referente común sino una acepción en constitución para referirse a un colectivo que también estaba en constitución.

Una primera relación dentro del conjunto de predicados remitía el sentido de *pueblo* a la red de núcleos de lo verbal. Esta red permite obtener una primera acepción de la palabra a través del análisis de los verbos que la predicaban, de los cuales se puede inferir la representación de su entidad social. En 1899, muy poco después de la fecha fijada como de la «fundación» de *Santa Rosa*, podían encontrarse expresiones como que:

«ese pueblo se ha encontrado con todos sus elementos de vida oficial y particular con personas que por su preparación, por su posición y sus vinculaciones tienen derecho a pensar, a (¿), a dirigir, a opinar, a administrar.»[2]

o bien que:

«El estado estacionario, las rencillas anteriores y con los demás pueblos del territorio irán acentuándose hasta que se determine don Tomás, sin abandonar a su pueblo, a dejarlo entregado a sí mismo como mayor de edad que es, para que ejercite todos sus derechos, civiles y sociales, con sus ideales nuevos, jóvenes, robustos, con sus luchas y victorias, con sus calavereadas y sus nobles aspiraciones propias de todo pueblo rico y nuevo.»[3]

También es posible encontrar este uso:

«Porque un pueblo es un hombre. No se puede llevar de la mano toda una vida, porque esa tiranía, aunque maternal, es tan enerva-

---

[2]   CAP, 8 de diciembre de 1899, Nº 336, p. 1, col. 1-2.
[3]   Ibíd.

dora como cualquier otra tiranía. Sin pasión lo decimos: retírese Mason a sus funciones de fundador y propietario del pueblo, deje a ese que ponga en acción sus energías, déjelo, en una palabra, entregado a sí mismo para que se acostumbre a la vida pública ejerciendo sus derechos y sus deberes...»[4]

El hecho de que *pueblo* se predicara frecuentemente con los verbos «encontrar», «ejercitar», «acudir», «vivir», «velar», «apresurar», «ser», «deber», «hacer», «volcar», «participar», indica que se lo percibía personalizado, casi como una entidad viviente.

Esto reafirma en cierta manera la idea de la inseguridad básica que los cambios vertiginosos que sufrían los santarroseños generaba y que, por reflejo, hacía reafirmar la imagen de Mason —recuérdese, el «fundador» de la ciudad— como llave de previsión, contacto con el mundo exterior, único autorizado a prever con mayor justeza los cambios que podían afectar a la comunidad. El *pueblo* era un «ser», que debía ser cuidado, protegido, alimentado, educado, sin improvisaciones. Mason era una garantía de protección contra esa improvisación.

Como puede verse, ciertas utilizaciones de verbos indican que el *pueblo* también era un sujeto percibido y se hacía presente en la concepción de lo urbano especialmente por su actividad social. El *pueblo* «se escandaliza», «desea», «trabaja», «se interesa», «sabe», «se vuelca en las calles».

Pero este espacio urbano entendido como un ser viviente no tenía únicamente el sentido de una realidad presente sino también el de una potencialidad futura. De esta manera, esta potencialidad de ser se manifestaba de dos maneras:

1. La palabra *pueblo* tenía el sentido de un ser que podía llegar a su realización plena pero que circunstancias externas no se lo permitían. Un conjunto de atributos servían para explicar su posibilidad de ser. Una «vida oficial» y una «vida particular» llevadas adelante por un conjunto de «personas» hacían posible que el *pueblo* ejercitara sus «derechos civiles y sociales» sin obstáculo y que cumpliera

---

[4] Ibíd.

con sus «ideales», «nobles aspiraciones», «calavereadas» y «luchas» con «energía» de manera que, «ejerciendo sus derechos y sus deberes» terminara por realizarse «a si mismo». «Porque un *pueblo* es un hombre» —se decía—, y como tal tiene una «vida», la que se entendía compuesta de una primera etapa en la cual se veía necesario una relación filial en la que debía «ser llevado de la mano».

Sin embargo, como puede deducirse de una lectura más detallada, muchos textos sostenían que este no era el caso de *Santa Rosa*, que había superado ya esta etapa y que había entrado de pleno en una segunda, la «mayoría de edad», en la que debía ser «entregado a si mismo» para su realización total como *pueblo*. El factor externo que impedía que esto no se produjera era «el señor Mason», «fundador y propietario del pueblo» responsable del «estancamiento», del «marasmo cívico» y de la «tiranía» en la que vivía el *pueblo*.

Pueblo tenía, pues, el sentido de un ser que debía llegar a su realización plena pero que no lo conseguía porque no se ocupaban de ello. Aunque también se percibía la existencia de factores externos opuestos, también personificados en el mismo sujeto anterior («Don Tomás», «el señor Mason»), el propio *pueblo* era el principal responsable de esta situación.

Este sentido del «deber ser», a diferencia del «poder ser», se completaba con una carga de fatalidad. Si el *pueblo* no era lo que debía ser, como todo organismo viviente, moriría («si el *pueblo* no se apresura a tomar medidas oportunas, deberá *Santa Rosa* la muerte»). Esta falta de ocupación en la autorrealización se ilustraba con un conjunto de acciones a las que el *pueblo* se negaba: [El pueblo] «no vela por su propia suerte y destino»; [El pueblo] «no se apresura a tomar medidas oportunas»; [El pueblo] «debe unirse como un solo hombre».

El análisis de estos textos ordenados en tanto que *pueblo* aparece cómo núcleo de un verbo, permite también determinar que se entendía por su acción como un ámbito social indeterminado ya que sus distintas utilizaciones hacían referencia a un uso del término en un sentido de apelación a lo ideológico y no a acciones propias del ámbito urbano.

Por un lado, aquella utilización de mayor frecuencia y de uso generalizado en todos los periódicos de gran difusión y aparición, hacía referencia a una acción imprecisa, que sugiere la utilización de la palabra como apelación política e ideológica pero sin significación específica de una acción social propia del ámbito de Santa Rosa.

2. Otra utilización más directa a una acción propia del ámbito urbano, pero que no excluía la referencia a lo ideológico, aparecía representada en construcciones que vinculaban *pueblo* con elementos del espacio físico («el *pueblo* había acudido a la estación») o que hacían referencia a la interacción social urbana («el *pueblo* todo participó sin excepción»).

Por último, otras referencias como «el *pueblo* se volcó en las calles», o «el *pueblo* hizo lo demás» significaban una apelación política en tanto no se referían a acciones del momento de elaboración de los textos sino que se habían construido para las celebraciones conmemorativas.

Los predicados donde *pueblo* era un sujeto paciente en la acción también se referían a un sujeto viviente que era percibido de forma y cualidades antropomórficas. El *pueblo* «ayuda», se «incorpora», «lleva», le «rinden cuentas», era «servido», se «asocia», «le sacan» y «le devuelven».

Los núcleos verbales de estos predicados también indican que *pueblo* era representado como un sujeto que mantenía relaciones transaccionales con otros entes que, por lo tanto, se entendían distintos a él. De sólo recorrer estos textos se desprende que estos entes, que siempre eran asociaciones voluntarias formalizadas, como la «Sociedad de Beneficencia», la «Comisión Organizadora del Carnaval» o la «Casa [de comercio de] Martín de La Mata e hijos», establecían con el *pueblo* —un ente distinto, producto, en cambio, de una asociación natural y espontánea, no formalizada ni voluntaria— diferentes relaciones, según se consideraran sus características.

Por ejemplo, las asociaciones de carácter sociocultural como «La Sociedad de Beneficencia» y «la Comisión de Festejos para el Carnaval» establecían la transacción con *pueblo* a partir de la producción de un servicio que se determinaba según las necesidades específicas de sectores delimitados del espacio social, los necesitados de beneficencia y los que festejan el carnaval, a cambio del cual, se entendía, debían recibir, una colaboración no sólo de los sectores circunscriptos a los límites del servicio que prestaban sino también de todo el *pueblo*. Esta colaboración, que se manifestaba como un apoyo que el *pueblo* debía a las sociedades formalizadas en lo material, se expresaba de manera tal que significaba algo más amplio e indeterminado, un apoyo del *pueblo* en lo social, que tenía el sentido de un *pueblo* agradecido que reconocía y, por lo tanto, destacaba, el servicio dado por estas sociedades.

Por otro lado, las asociaciones de carácter sociopolítico como el «Consejo» Deliberante establecían una relación transaccional con el *pueblo* a partir de que, por ejemplo, se entendía que «los ediles» debían «rendir cuenta» de sus acciones como contrapartida a que el *pueblo* les había otorgado un «mandato» al haberlos elegido.

Por su parte, las asociaciones de carácter comercial como «Martín de La Mata e hijos» establecían la transacción con *pueblo* a partir de la producción de un servicio, a cambio del cual recibían su uso, el que se hacía extensivo a todo el *pueblo* sin limitaciones.

Si se vuelven a leer los textos se deduce que la violación a las pautas de la transacción era un argumento utilizado frecuentemente para tratar de generar una opinión desfavorable. El hecho de que se hiciera figurar que una asociación recibía del *pueblo* más de lo que daba, se utilizaba como una infracción a las normas de la transacción y se lo juzgaba como una acción delictiva en tanto burlaba la reciprocidad (*do ut des*). Cuando se presentaba esta situación, los términos de la transacción se alteraban; lo que en el marco de la transacción se percibía como «dar y recibir» pasaba a ser considerado como «sacar y devolver».

A partir de la serie de textos relevados puede decirse que generalmente el *pueblo* fue entendido y utilizado como un cuerpo vivo. En este cuerpo se distinguían atributos, es decir, cualidades esenciales de *pueblo* y características más generales, es decir, cualidades accidentales.

Los atributos eran asignados a *pueblo* como parte de su esencia y como tal no se hacían depender de su acción volitiva. Estos, básicamente, eran:

—El «nombre» del *pueblo*, considerado como parte fundamental del ser del *pueblo*, tenían un carácter sacralizado, en tanto representaba un atributo intocable, reservado sólo para quienes se relacionaban con el *pueblo*. No se podía «invocar el nombre del *pueblo* por parte de quienes jamás han tenido contacto con él».

—Los «intereses» del *pueblo*, que se consideraban como el elemento esencial que exigía el mayor cuidado y preservación. A los intereses de un *pueblo* se enfrentaban, tanto los intereses de otro *pueblo* como «los intereses particulares», que nunca coincidían, sino que se oponían. Véase que, por ejemplo, la desatención a los intereses del *pueblo* era considerado, en los textos, como un «atentado».

Las características eran, por lo tanto, las propias de un sujeto viviente y se las hacía depender de la voluntad de que el *pueblo* las ejerciera. Pueden distinguirse aquellas relacionadas a los objetivos materiales, por ejemplo, «la salud», el «buen gusto», y aquellas relacionadas a lo espiritual, el «dolor», el «anhelo», la «tranquilidad».

Pero, lo que era más llamativo en cuanto a la representación espacial, era que al *pueblo* se le reconocía un origen profundo, que se habría producido («brotado») en un lugar preciso («en medio de la fecundidad argentina»), a partir del cual, en un momento indeterminado, habría nacido el *pueblo* esencial. Además de este origen profundo, se habría producido una formación del *pueblo*, la que se habría realizado a partir de la conjunción de miembros («elementos») que acudieron al lugar de origen —es decir que no pertenecían a él— los cuales, finalmente, lo habrían «formado», es decir que no le habrían dado un nacimiento sino una forma determinada.

Estos miembros, que conformaban la parte complementaria, no habían acudido desde un único lugar sino de distintos puntos («horizontes») y no se reconocía en ellos una única naturaleza («elementos heterogéneos y dispersos») aunque sí una idéntica finalidad («el mismo afán», «la misma lucha», «la idéntica jornada», «el mismo anhelo»). Se habría creado así el *pueblo* sustancial.

De esta manera, el *pueblo* no se pensaba como un todo homogéneo no analizable. Existían en él un conjunto de elementos que lo formaban, que lo hacían aparecer, por el contrario, una heterogeneidad concebida en partes. Estas partes, consideradas distintas por una diferenciación cualitativa, «la parte pensante», «el comercio», «el trabajo», se aglutinaban en un colectivo, «la masa».

De esta «masa» no se pueden determinar sentidos generalizados, como sucede con *pueblo*, pero puede advertirse que el inicio de su utilización como término para referirse a *pueblo* se produce en 1904 y fue acompañado de la incorporación de un conjunto de caracterizaciones que permiten suponer que sobre *pueblo* operaban nuevas referencias espaciales, en donde «masa» se convertía en un término que servía para su definición como sujeto social. Para esta época ya se hablaba en Santa Rosa de «la gran masa del pueblo».

Estas referencias incorporaban, junto con «masa», calificativos para jerarquizar las partes que conformaban *pueblo*. Hacían su aparición conceptos de «pueblo castigado», «los derechos del pueblo» y «las filas más modestas del pueblo».

Con estos casos en que *pueblo* funcionaba como modificador se completaba el sentido que la palabra tenía cuando era percibida como un sujeto que mantenía relaciones con otros entes, los que, como ya se ha señalado más arriba, eran siempre asociaciones voluntarias formalizadas.

Puede advertirse, por lo tanto, que no solamente se entendía que *pueblo* mantenía relaciones transaccionales con estas asociaciones, sino que estas, además, funcionaban como intermediarios que traducían las características accidentales del *pueblo*. El *pueblo* aparecía así como una entidad carente de capacidad propia de realización, en tanto necesitaba de otras entidades que funcionaran como «intérprete de sus aspiraciones y de sus anhelos, celoso defensor de sus escasos derechos cada vez que eran amenazados o lesionados.»[5]

Como puede verse en los textos, la calificación *pueblo* en su sentido más propio de identidad colectiva, «pueblo santarroseño» es, sin embargo, muy tardía en la conformación del discurso urbano (1964). Por el contrario, la creación de una identificación particular distintiva de *pueblo* y la gestación de una categoría de superposición de lo físico y lo social («pueblo de Santa Rosa», «pueblo de *Santa Rosa* de Toay») es muy temprana, pero parece ser que

---

5   ARE, 22 de abril de 1942, Nº 2623, p. 2, col. 1-2.

Cuadro 2. Pueblo, colectivos asociados y caracterizaciones dominantes.

AÑO	CARACTERIZACIONES	COLECTIVO
1900	trabajo, tranquilidad, intereses	comercio
1903	ayuda	"
1904	recreo, buen gusto, numeroso	masa
1909	instrucción, música, animación	"
1928		vecindario
1935	triunfo	"
1942	júbilo	filas
1947		hermandad

Fuente: Elaboración propia sobre documentación de archivo

su utilización se limitó en el tiempo a un período determinado (1903-1935), luego del cual desapareció, a la vez que hicieron su aparición referencias que permiten suponer la representación de una expansión extra-muros del ámbito social («el *pueblo*, sin excepción, ex residentes de *Santa Rosa*, y vecinos de numerosos *pueblos* del territorio»[6]) y que, al mismo tiempo, se gestaba una categoría propia de la definición de la identidad colectiva, lo que se llamaba «pueblo santarroseño».

No he encontrado referencias que definieran a *pueblo* en relación directa con otros sujetos de utilización frecuente para la definición de los ámbitos urbanos, como «familia» o «barrio».

Pueblo, en la diacronía, se asoció con otros sujetos colectivos, con los cuales, por lo tanto, se procuraba identificar: «comercio» en 1900, «masa» en 1904, «vecindario» en 1928, y «filas» en 1942.

Pueblo se caracterizaba de distintas maneras en el tiempo y algunas características dominaron ciertos períodos. Si se relacionan estas caracterizaciones dominantes con aquellos sujetos colectivos a los cuales *pueblo* se asociaba, se obtienen las distintas acepciones que la palabra *pueblo* tomó de acuerdo a su calificación (Cuadro 2).

La asociación de *pueblo* con otros sujetos colectivos y sus diferentes caracterizaciones entre 1900 y 1928 tenían el común denominador de identificarlo con precisión como un sujeto per-

---

[6] ARE, 23 de abril de 1942, N° 2622, p. 1, col. 1-2.

sonificado que se interesaba por objetivos inmediatos propios del ámbito urbano y que se relacionaban con un bienestar e interés concreto.

En este período se distinguen dos acepciones frecuentes. La primera, que se utilizaba en 1900, aludía a un sujeto de existencia real, un sujeto identificable en el ámbito urbano, con determinadas cualidades que no se repetían en ningún otro sujeto como el «trabajo», la «tranquilidad» y los «intereses», y que se identificaba por una actividad propia del ámbito urbano: el «comercio».

La segunda, que se incorporó a partir de 1903 aludía, en cambio, a un sujeto no identificable en el ámbito urbano, un sujeto anónimo, la «masa», el «vecindario», al que se le atribuían otras características en su acción que también guardaban relación con alguna actividad propia del ámbito urbano, que, en esta caso, se ligaba generalmente a lo festivo («recreo», «música», «animación»).

La asociaciones de *pueblo* con otros sujetos colectivos y sus diferentes caracterizaciones a partir de 1928 tenían la particularidad común de no referirse ni a un sujeto que se interesaba por objetivos inmediatos propios del ámbito urbano ni tampoco a un sujeto anónimo pero perteneciente al ámbito urbano.

De la asociación de *pueblo* con sujetos particulares del ámbito urbano, como «comercio», en 1900 y la incorporación de referencias a sujetos colectivos anónimos pero identificables como propios del ámbito urbano, como «vecindario», en 1903, se comenzó, en 1928 a asociar *pueblo* con sujetos colectivos ni identificables ni relacionados con lo urbano. A partir de entonces, el sentido de *pueblo* se modificó, dando lugar a la representación de una entidad idealizada, imprecisa en relación al ámbito de la *ciudad*, que recuerda la utilización de la palabra en los textos de exhortación político-ideológica.

El sentido que *pueblo* tuvo como sujeto colectivo en referencia a un espacio de carácter físico se utilizaba en distintas clases de textos que no siempre se referían al *Santa Rosa* vivencial y contemporáneo. En estos textos, *pueblo* se utilizaba o bien en sentido genérico, o bien para referirse a otros *pueblos*, o bien para referirse a *Santa Rosa* en su origen o en su pasado.

La representación del *pueblo* como algo físico era una relación establecida en niveles más profundos de la cultura, que no dependía de la experiencia urbana sino que estaba contenida en una categoría mental establecida desde antes que los grupos comenzaran a dar sentidos particulares a *pueblo*.

En tanto esta parte del trabajo tiene como objetivo la determinación del léxico del espacio representado y no el establecimiento del sentido profundo que los términos tenían en la mentalidad, me detendré en el *Santa Rosa* representado a partir del genérico *pueblo* como espacio vivencial y contemporáneo a las referencias. Las referencias a *pueblo* en sentido genérico o para referirse a otros *pueblos* no son analizadas, aunque haré alusión a ellas cuando permiten completar la explicación del sentido que la palabra cobraba en su utilización cotidiana. Los sentidos que la palabra tuvo en la historiografía local, en cambio, fueron objeto de estudio más atrás en este trabajo, al analizar los dominantes que rigieron la conformación de la representación del espacio urbano, de los cuales la constitución de una historia de *Santa Rosa*, forma parte.

El *pueblo* en su acepción como espacio físico se incluía en los textos con la función de delimitar una parte del espacio concebido, en el que se distinguían dos subespacios, un «adentro», que estaba constituido por el propio *pueblo* y un «afuera», que se constituía por todo aquello que conformaba el espacio que no era *pueblo*.

Puede verse que ese «adentro» era un lugar que se reconocía por su nombre propio, «Santa Rosa», mientras que el «afuera» sólo se reconocía por su ubicación en relación al «adentro» y no tenía un nombre en particular sino que se ubicaba por el hecho de estar «en las inmediaciones del pueblo».

El «afuera» estaba formado por lo que de manera general se denominaban «campos», o lo que a veces se especificaba como «estancias» o bien «chacras». Estas últimas aparecían como un patrón de medida de los «campos» («1700 hectáreas de campo alambrado que forman 27 chacras») y se constituían en puntos precisos del «afuera» («[las chacras] 179, 180, 186 y 187...») que se hacían posibles de ubicar a partir de su distancia con el *pueblo* («[las chacras] que quedan a 1000 metros escasos de la plaza del *pueblo* de Santa Rosa de Toay»).

Pero las «chacras» eran concebidas también como un espacio privado del «adentro» en tanto formaban parte del *pueblo* y se ubicaban tanto «en *Santa Rosa* de Toay» como «en General Lagos». De esta manera, las «chacras» se constituían en un espacio de transición, en tanto podían formar parte tanto del «adentro» como del «afuera».

El «adentro», por su parte, estaba formado por un conjunto de espacios públicos —«las calles», «la plaza»— y semipúblicos —«el correo», «la casa municipal, la escuela No. 2 de niñas, el colegio de los Leones»—.

Entre los espacios públicos, «la plaza» era un punto de referencia para la localización de otros espacios del *pueblo*, como las «chacras», y tendió a tener el sentido de un espacio representativo del *pueblo* todo. En relación a estos casos en que *pueblo* se usaba para referirse a un espacio físico, la plaza fue el primer espacio urbano que se transformó, si no en el único, en el principal referente, como se advierte en la profusa cantidad de textos periodísticos que la utilizaban en alusión a lo colectivo, y tomó el sentido de un espacio simbólico, lo que se documenta por primera vez con claridad por la aparición, en 1935, de una poesía en que la incluía como principal elemento.

Motivos de mi pueblo
Noche de la plaza

Gimen los eucaliptos bajo la brisa
del Pampero, soplando entre su ramaje
mientras va desgranando la banda aprisa
una dulce rapsodia, sobre el paisaje.

Las aceras remedan un hormiguero
de gente que va y viene, siempre parlera,
y retozan los chicos en el cantero
apenas vigilados por la niñera.

Y se encienden los focos en un instante
anunciando que es tarde; que se hace noche;
en la esquina más céntrica, el vigilante,
atento a la bocina, da paso a un coche.

Poco a poco la gente se desparrama
en direcciones varias, a sus hogares
mientras que rezagada pasa una dama
que se pierde enseguida en los boulevares.

Recupera el silencio la agreste plaza;
El Pampero refrena la agreste brisa,
y a grandes intervalos, alguno pasa,
cruzando silencioso, con mucha prisa.[7]

La plaza, único espacio asociado a *pueblo* en forma directa y reconocido como una parte de él en un plano de estrecha afectividad como un *motivo de mi pueblo*, era usado como el principal organizador del espacio que quedaba delimitado por los espacios públicos.

A partir de referirse a la plaza, el autor de este texto pensaba en los demás espacios públicos y los distribuía según sus funciones particulares. Desde la plaza se dominaba el espacio esencial a la vida urbana, aquel de los espacios públicos. Desde la plaza, se determinaba una «esquina» como la «más céntrica», al mismo tiempo que se establecía la existencia de un ámbito jerarquizado y jerarquizante de otros espacios, un «centro», mientras que se dominaba la circulación urbana por los otros espacios que servían para ese fin, la propia «esquina» y las «calles» («boulevares»).

Este sentido monumental de la plaza semejante a un minarete, un lugar dominante pero no dominado del espacio colectivo, se veía también reflejado en los elementos que servían para la conformación de su entidad como espacio público. En la conformación social de la plaza se encontraban, por un lado, aquellos que servían y estaban destinados a la recreación colectiva, la «banda» y su música, «una dulce rapsodia», elementos pertenecientes a un mundo que se percibía como creado para este fin.

Por otro, aquellos elementos que servían para la contemplación, que constituían lo que genéricamente se denominaba el «paisaje», que contribuía para hacer de la plaza un lugar enigmático e inhóspito («agreste», «silenciosa»). Los elementos destinados a la contemplación formaban parte del mundo dado por la naturaleza, no creado, el clima, la «brisa del Pampero» y la vegetación, el «ramaje» de los «eucaliptos».

En la conformación social que se asociaba a la plaza se distinguían dos tipos de sujetos. Por una parte aquellos sujetos estáticos que se ligaban estrechamente a la plaza formando parte de su es-

---

[7] *Atahualpa* (seudónimo), en ARE 1935, 674.

tructura permanente y por esto se percibían en relación al paisaje. La música que ha ido «desgranando» la banda mientras «retozan los niños en el cantero apenas vigilados por la niñera» eran actividades posibles de concebir sólo en el espacio interno de la plaza, lo que contribuía a completar su sentido de monumentalidad como un espacio de tiempo detenido e inmortal, es decir, como un espacio sagrado.

En contraposición a los sujetos estáticos, se determinaban también otros sujetos, dinámicos, en el espacio social de la plaza santarroseña. Estos sujetos dinámicos no formaban parte de su espacio interno, sino que se incluían en un espacio exterior pero vinculado a la plaza. Un «hormiguero de gente que va y viene», que «se desparrama», una «dama que se pierde enseguida por los boulevares», «alguno» que «pasa» «cruzando» «con mucha prisa», se constituían en el mundo social exterior que la plaza controlaba, porque los que pertenecían a este mundo, para llevar a cabo esta actividad, debían «pasar» por ella, «cruzar» la plaza.

Nótese como ambos sujetos se complementaban para dar a la plaza el sentido de un espacio de máxima preservación. La plaza, definida siempre para la cultura urbana como un espacio público, se connotaba en el discurso urbano santarroseño de manera tal que quedaba aislada y reservada.

De los otros espacios que formaban el «adentro», sólo las «calles» eran un espacio con forma definida aunque imprecisa en cuanto a su localización en el *pueblo*. Tanto en los textos en que *pueblo* se utilizaba en sentido genérico o bien para referirse a otros *pueblos*, como en los textos que se analizaron puntualmente en esta ocasión, las «calles» tenían el sentido de vías de circulación lineal, no espacial, para la llegada a puntos específicos, «edificios», «negocios», «domicilios», el «correo».

Este sentido de las «calles» como calzadas pero no como aceras se ve también reflejado cuando este espacio se utilizaba como elemento de una continuidad o una ruptura, elemento asociado al «progreso». Todo lo que las «calles» debían cambiar para que el *pueblo* progresara siempre eran partes que tenían que ver con su sentido de calzada, el «pavimento», la quita de «montones de tierra», el mejoramiento de su iluminación para evitar accidentes de tránsito.

Si se releen los textos puede verse que en esta organización del espacio urbano según sus espacios públicos se reconocía un segundo espacio, el «centro», en el cual se incluía el otro espacio de las «calles». El «centro», aunque era un espacio indefinido, se constituía en un lugar de máxima preservación y cuidado y tenía el sentido del único punto que condicionaba la existencia y vitalidad el *pueblo* físico porque se constituía en su corazón, «el centro mismo del pueblo». Por este motivo, el «centro» jerarquizaba los espacios que contenía, como sus «calles» o sus «esquinas».

El «afuera» y el «adentro» se distinguían también por su constitución como espacios sociales. Aquellos que integraban el «afuera» constituían un único grupo en tanto mantenían un único tipo de relación —económica— con él; la de propiedad. Eran entendidos como poseedores del «afuera» y se los llamaba genéricamente como los «señores dueños de los campos» o bien se los identificaba individualmente, siempre en relación a la propiedad, como por ejemplo cuando se aludía al «[campo de] don José Antonio Alonso, don Patricio U. A. Reid y don Remigio Gil». Estos propietarios se constituían en los únicos sujetos con identidad del «afuera», aquellos que, por ser los únicos en tener un nombre y, además, crear el topónimo con su nombre, podían ser identificados e individualizados, lo que no permitía conferir una identidad más allá que a ellos mismos.

Por otra parte, un conjunto heterogéneo integraba el «adentro», en tanto distintos elementos establecían, a su vez, distintas relaciones, si bien todas de tipo económico, con él; se los llamaba «propietarios», «inquilinos» y «usureros».

Sin embargo, estas relaciones no se producían directamente con el *pueblo*. No se trataba de «propietarios del pueblo» o «inquilinos del pueblo», sino que la relación aparecía mediatizada por el nombre. Puede verse que aquellos que constituían el *pueblo* se consideraban, por lo tanto, relacionados con él por intermedio de su nombre, pero no con los elementos o con el *pueblo* en sí. El nombre servía tanto para definir al «adentro» como una entidad particular irrepetible y distinta de cualquier otra, «el *pueblo* de este nombre», como para identificar a quienes lo integraban, a los que nunca se identificaba individualmente sino que se llamaban, genéricamente, «vecindario de Santa Rosa».

La nominación del *pueblo* y creación de un topónimo no identificable en lo físico con un determinado individuo del «adentro»,
posibilitaba la generación de una identidad que trascendiera lo
individual, una identidad colectiva, es decir la identificación de
cada uno, independientemente de su relación con *pueblo*, aunque
esta fuera, como en este caso, del mismo tipo que en el «afuera»
(«propietarios»), con un ente abstracto y trascendente a la indivi-
dualidad («Santa Rosa») que confería identidad a todos y a cada
uno de los incluidos en el *pueblo* a partir de un nombre común.

Este nombre común, por su independencia en lo físico de
«alguien» o «algo» del *pueblo*, se transformaba en una entidad
trascendente también en el plano de la materialidad, en tanto per-
manecía en el tiempo aunque sucedieran cambios en la composición social y física del *pueblo*, es decir que se constituía en una
entidad perdurable.

En cambio, las transformaciones materiales en el «afuera», la
fragmentación del «campo» en unidades menores de explotación,
o el cambio de propietarios, hacían desaparecer el topónimo y,
con él, la identidad conferida al espacio. Adviértase que el cambio
de propiedad en el ámbito urbano y la modificación de su espacio
físico —transformaciones inherentes a la cultura y de crecimiento
proporcional a la complejidad de la vida urbana— nunca atenta-
ban contra el nombre y, por extensión, contra la identidad colectiva que, supuestamente, el nombre confería.

9.2. *«Somos» una ciudad*

Santa Rosa empieza a ser llamada «ciudad» hacia 1911. La distinción en categorías según el uso, entre una *ciudad* física y una
ciudad social pueden gestarse, aunque no tan fácilmente, entre
textos sobre *Santa Rosa* que utilizaron este término para referirse
a ella. En los usos de *ciudad*, a diferencia de *pueblo*, se hacían
presentes los sentidos de la palabra como sujeto de carácter indefinido, dando significado tanto a lo físico como a lo social.

A grandes rasgos puede decirse que en los textos se distingue
una «ciudad propia», que los grupos hacían aparecer como suya,
«nuestra ciudad», y una «ciudad ajena», «la ciudad», «esta ciudad».

Estas diferentes utilizaciones del término no se realizaban en la ingenuidad ni eran independientes de la representación y de la lucha intergrupal urbana, en tanto lo propio era de por sí un ámbito de dominio, y lo ajeno, un ámbito a dominar. Así como, en el plano individual, no son semánticamente intercambiables los sentidos y, por lo tanto, los usos de construcciones tales como «nuestra madre» y «la madre» o «esta madre», «nuestra casa» y «la casa» o «una casa», tampoco aquellos grupos que convivían en *Santa Rosa* utilizaron indiscriminadamente cualquier construcción para referirse a la *ciudad*.

La necesidad de la «ciudad propia» aparecía justificada, en primer lugar, por la representación de la obligación de distinguirse y mostrarse frente a un «afuera». Frente al «afuera», se concebía un «ethos» urbano, «nuestra» *ciudad*. Un ejemplo puede verse en el siguiente fragmento, de 1936:

> «Aspectos edilicios. Un problema que debe ser motivo de la atención de nuestros ediles, es el que se relaciona con la estética edilicia de la población completamente descuidada no sabemos por qué razones. En efecto pocas veces se ha preocupado la comuna en estimular los trabajos en favor de los buenos frentes en los edificios céntricos de Santa Rosa; el aspecto que estos ofrecen no puede ser más deplorable al extremo de constituir un motivo que afea a la ciudad. Los que nos visitan constan lo que hemos dicho y por cierto que no podría ser de otra manera, porque es una verdad sabida que la ciudad carece en muchos edificios de frentes bien planeados que contribuyan a darle un aspecto más concorde con el 'progreso' alcanzado. Unido este aspecto al que ofrecen las calles, se tendrá una idea completa de lo que urge hacer en favor de nuestra población.»[8]

La necesidad de distinguirse encubría otra necesidad más profunda que aparecía revelada: la «ciudad propia» era en realidad la forma más acabada para hacer frente no sólo a la imagen equivocada que se pensaba que se tenía de *Santa Rosa*, sino al desconocimiento y a la ignorancia de su misma existencia. Se percibía que, en definitiva, se «desconocía» la existencia de la *ciudad*.

---

[8]   ARE, 7 de enero de 1936, N° 721, p. 1, col. 1.

Esta ciudad pampeana ahora tiene apellido,
por obra del que poco o nada nos conoce.
Así sólo se explica que siempre se le adose
el Toay que hace ya tiempo echamos al olvido.

La pampa sigue siendo mundo desconocido
y habrá quien nos descubra y acaso nos remoce.
Ya nos asignan ríos y canales. Con goce
pronto veremos puertos y mar embravecido.[9]

Este mundo exterior que representaba equivocadamente al
mundo santarroseño y que, como diremos más adelante con de-
talle, tomaba la forma de un paradigma con el cual compararse
colectivamente, se constituía en un punto referencial jerarquizado y dominante de la identidad, en tanto se lo percibía como
el que definía o definiría la entidad material de *Santa Rosa*. Por
esta misma razón era usado como el justificativo más completo
para respaldar la creación de una «ciudad propia». *Santa Rosa*,
un *pueblo*, que debía ser una *ciudad*, y que lo era sólo por una
realidad legal estipulada, —designada capital del *territorio* y, por
lo tanto *ciudad*, en tanto todas las capitales son ciudades—, no
conseguía su verdadero fin último de *ciudad*, porque este mundo
exterior la percibía como un *pueblo*. En 1928, por ejemplo, se
consideraba que

> «en 1892, época de la constitución de Santa Rosa, no sólo se
> temía en habitar una avanzada de la civilización como era Santa
> Rosa, sino que el mismo nombre de La pampa, infundía terror
> en la capital federal, por lo que la leyenda de los indios y salvajes,
> leyenda que todavía asusta los espíritus de muchos que ignoran
> nuestra situación de civilizados y progresistas como los de las
> grandes ciudades.»[10]

Y, de hecho, los santarroseños tenían una ajustada idea de cómo
se los representaba en otras ciudades. No sólo se les hacía vincular
su nombre al de otra localidad urbana —Toay—,[11] justamente,

---

[9]   ARE, 24 de abril de 1942, N° 2623, p. 2, col. 1-2.
[10] AUT, 23 de abril de 1928, N° 5155, p. 1, col. 3-4.
[11] Un decreto del 22 de mayo de 1917 dispuso que Santa Rosa no se llamaría

un *pueblo*, sino que en algunos casos no se les nombraba siquiera o se los unificaba con Toay. Incluso algunos mapas no sólo realizados en Buenos Aires sino por las empresas inglesas de ferrocarriles, muestran que hasta el mismo nombre de Toay podía ser confundido cuando se suplantaba por el de Santa Rosa.

Es que los ámbitos de la «ciudad propia» formaban parte de la esencia misma de la *ciudad*, lo que la hacía distintiva y posible, es decir a lo que la *ciudad* debía su existencia. Sin «el 'progreso' edilicio de nuestra ciudad», *Santa Rosa* desaparecería ya que sería confundida con un pueblo, como Toay, y apartada de su categoría de *ciudad*, vinculándosela a ese espacio indeterminado e indefinido, la *pampa*, desde siempre percibido como la negación de la civilización y de lo urbano.

Esta apreciación distaba de ser una mera presunción. Desde otro punto de la red, es decir, no sólo desde Buenos Aires, Martínez Estrada había expresado ya, para esta fecha, que

«El parecido que hay entre esas ciudades, aun entre Tucumán y Santa Rosa de Toay, es el alma de la pampa que pesa sobre la aplastada edificación, en el paso indolente del transeúnte, en la cautelosa curiosidad que el forastero advierte en los ojos. Todo forastero es descubierto de súbito por imponderables datos que captan esos ojos ávidos de mirar. Para el viajero que ha dejado otra ciudad antes de entrar a esta, solamente han cambiado algunos signos externos y cuando mucho la ubicación de los negocios. El color edilicio, el ancho y empedrado de las calles y su infinita perspectiva, los rostros, los trajes, la pronunciación, el trazado de la ciudad, el alto de los edificios, son casi los mismos» (Martínez Estrada, 1985: 105).

Quedaba claro que, mientras esto sucediera, *Santa Rosa* no sería *ciudad*, y esto sucedía, precisamente, por la existencia de esa «ciudad ajena», que se percibía como promotora de una imagen, el «aspecto» de *Santa Rosa* como *pueblo*, que provocaba que *Santa*

---

más «de Toay», referencia que atañe a la proximidad con este lugar. Toay, un pequeño pueblo muy cercano a Santa Rosa, fue enseguida utilizado como referencia para ubicar a Santa Rosa básicamente por ser punta de riel del primer ferrocarril que llega a las proximidades.

Rosa, «vista» desde «afuera», se constituyera en la contrafigura de una *ciudad*. Por esto se urgía, por ejemplo, a que

> «debe pavimentarse la calle 9 de julio. La municipalidad debe contemplar este aspecto edilicio disponiendo las medidas pertinentes para cuanto antes las calles más céntricas de la ciudad tengan su pavimento ya sea a base de tosca o de petróleo.»[12]

La «ciudad propia», en cambio, reunía el conjunto más acabado de características adecuadas del aspecto, para que *Santa Rosa* sea *ciudad*, es decir, «vista como» *ciudad*. Para esto, el énfasis era puesto en, por ejemplo,

> «el 'progreso' edilicio de nuestra ciudad. En el lado sureste se levanta un floreciente barrio. Dejando a un lado nuestras opiniones emitidas en varias oportunidades sobre 'lo que será Santa Rosa como capital de La pampa una vez operada la transformación institucional del territorio' y concretándonos en lo que todos pueden ver y apreciar en la actualidad, de fácil deducción es que nuestra capital progresa en forma sorprendente. La característica del 'progreso' de Santa Rosa en su faz edilicia radica, aparte de las construcciones modernas hechas en el radio céntrico, en la formación de numerosos barrios donde se levantan las cómodas viviendas del obrero y del que no lo es, con casas de una edificación sólida guardando una cuidadosa estética con el resto de la ciudad. Donde sólo hace meses se contemplaba una extensión de dos o más cuadras de terreno baldío desparejo y cubierto de malezas hoy se observan muchas casas habitadas y otras en construcción, que constituyen como un eslabón para unir barrios más apartados en el cuerpo de la ciudad.»[13]

De esta manera la necesidad de la «ciudad propia» aparecía justificada por la representación de la existencia de una parte de la *ciudad* dominada por un grupo, aquella *ciudad* que quería extender sus fronteras hasta abarcar el todo urbano y que se percibía en tanto se reconocía una parte de la *ciudad* como no propia, la

---

[12]   ARE, 6 de julio de 1935, N° 568, p. 1, col. 2.
[13]   AUT, 9 de junio de 1928, N° 5192, p. 1, col. 4.

«ciudad ajena» y otra parte de la *ciudad* distinguida, identificable, acotada, casi privada, la «ciudad propia».

La «ciudad propia» contenía los espacios públicos más jerarquizados, «el centro», «los boulevares», las «calles adecuadas» y —otra vez— «la plaza», lo que la constituía, además de «ciudad propia» en *ciudad* única. Las actividades que se desarrollaban en los ámbitos de la «ciudad propia» eran las únicas actividades eminentemente urbanas y prestigiosas para *Santa Rosa*. Ninguna actividad de otro tipo podía desarrollarse en estos ámbitos y si se producía, era impropia de la *ciudad*. Se criticaban, en este sentido, actividades como

«Las ferias francas. Espectáculo ingrato. Es del conocimiento público que las ferias francas de este pueblo, se realizan en la plaza Mitre en días señalados de la semana, en horas de la mañana. Siendo la plaza que nos ocupa el centro obligado de nuestro vecindario y el único paseo para el mismo, la realización de las ferias en el lugar citado, producen un espectáculo triste al par que está en contra al grado de adelanto que hemos alcanzado. Nuestra ciudad cuenta con calles adecuadas, como ser cualquiera de los boulevares, para que se instalen las ferias francas, de manera de sacarlas de la plaza, porque estas producen, como lo hemos manifestado, una vista ingrata al transeúnte, además de ser antihigiénico, por el residuo de basuras que dejan, y el aspecto poco edificante de estos puestos de ventas que se instalan de cualquier manera.»[14]

Estos espacios tenían la función de organizar lo «físico» y lo «social» de *Santa Rosa*. En los ámbitos de la «ciudad propia» se celebraban los principales actos simbólicos de la vida comunitaria, —la «fundación de la ciudad», la «celebración de las fiestas mayas», «los festejos del carnaval»—, para lo cual debía abandonarse el ámbito de vida propio por aquellos de la «ciudad propia». Haciendo referencia a los festejos por el cincuentenario, se resaltaba, por ejemplo, como

«la ciudad cincuentenaria cuyo asomo al concierto nacional se festeja en este día amaneció embanderada como en las grandes fechas

---

[14]   AUT, 26 de enero de 1928, Nº 5085, p. 1, col. 4.

festivas de magnos acontecimientos patrióticos bajo el cielo nubla-
do y amenazador un hormigueo de público se notaba ambular.»[15]

El abandono de los lugares donde se desarrollaba la vida privada
y la participación de los actos simbólicos reconocidos de la vida
colectiva en los ámbitos públicos de la *ciudad* no significaban la
pertenencia a esos ámbitos. Aquellos que acudían a estos ámbitos
nunca llegaban a formar parte de ellos, sino que sólo podían pro-
tagonizar ciertos actos de la vida urbana allí, que implicaban sólo
la estada transitoria y nunca una relación permanente, aunque se
tratara de espacios públicos comunes a todos los que formaban
parte de la *ciudad*.

A la «ciudad propia» se asociaba un ámbito social compuesto
por un conjunto específico de elementos de Santa Rosa, que se
distinguían con precisión de otros elementos. Se destacaba, por
ejemplo, el hecho de que

> «desde ayer un núcleo de señoritas de nuestra ciudad se ha dado
> a la plausible tarea de colocar la rifa que el Aero Club Pampeano
> ha puesto en circulación. No dudamos que el vecindario de Santa
> Rosa, con espíritu de 'progreso' y encariñado con sus instituciones,
> sabrá responder patrióticamente al propósito elevado que anima a
> los dirigentes del Aero.»[16]

La «ciudad ajena», en cambio, se organizaba física y socialmente
en espacios que representaban una vida anónima colectiva, los
«barrios» o las «villas». Ese distanciamiento se concretaba cuando
se decía, por ejemplo, que

> «Hace poco más de un año la municipalidad plantó un crecido
> número de árboles en los barrios de la ciudad, la mayoría de los
> cuales se encuentran en pleno crecimiento no sólo por la atención
> que le ha venido dispensando la Comuna, sino los mismos veci-
> nos beneficiados.»[17]

---

[15]   ARE, 22 de abril de 1942, N° 2621, p. 1, col 1-2.
[16]   ARE, 4 de marzo de 1942, N° 2583, p. 1, col. 2.
[17]   ARE, 3 de julio de 1935, N° 565, p. 1, col. 1.

Y, de hecho, los barrios se percibían desjerarquizados con respecto a otros espacios de la *ciudad*, pero no de la «ciudad ajena» sino con respecto a un punto de la *ciudad* física, el «centro», que integraba la «ciudad propia». Desde el «centro», los barrios y por extensión la «ciudad ajena», se consideraban «afuera de la ciudad». Por ejemplo se decía que

> «La actitud de esta latifundista ha motivado también la disminución de la población, la que, al no serle posible adquirir terrenos en los lugares céntricos, por la desmedida ambición de aquella, tuvo que edificar en las afueras, dando lugar a la formación de villas en los alrededores de una planta urbana llena de baldíos.»[18]

Nótese en todos estos textos el límite impreciso entre la «ciudad propia» y la «ciudad ajena». Este límite impreciso estaba dado no por una indefinición de las ciudades en el texto sino por el propósito de los promotores de este discurso, entidades voluntarias formalizadas de la *ciudad*, los periódicos, de hacer extensiva la «ciudad propia» a toda la *ciudad*. Se consideraba, en realidad, que en el momento en que coincidieran ambas ciudades se haría claro el dominio sobre el espacio urbano, es decir toda *Santa Rosa* pasaría a ser «nuestra ciudad».

Por ejemplo, si se analizan las acciones propias de una y otra *ciudad* se advierte que el «progreso» se hacía extensivo a «toda» la *ciudad*, aunque era una característica particular de la «ciudad propia». Este «progreso», «adelanto», «crecimiento», aunque «alcanzado» por la «ciudad propia» era compartido por la «ciudad ajena», creándose así el sentido de que no sólo algunos promovían una «ciudad propia» sino que esta promoción era sin duda la más conveniente para *Santa Rosa*, en tanto tenía presente, siempre, la opinión de aquel mundo exterior.

> «No vamos a pasar por alto en este comentario, la displicencia con que las distintas administraciones han contemplado el adelanto siempre creciente de la ciudad. Hubo alguna que otra manifestación concorde con la importancia de la capital del territorio.

---

[18]   ARE, 2 de enero de 1940, Nº 1920, p. 2. col. 1-6.

La más importante de dichas iniciativas, la ordenanza impositiva, sancionada en el año 1933, perfectible quizá, pero indispensable en Santa Rosa, tropezó con la incomprensión de muchos propietarios, que ignoraban que el sistema impositivo de aquella ordenanza es el mismo que rige en las municipalidades más importantes de la República.»[19]

De esta manera, la única salida para *Santa Rosa* era la expansión, generalización y adopción del modelo urbano planteado en la «ciudad propia», es decir la mímesis absoluta de una *ciudad* con respecto de la otra. Un modelo que se reflejaba cuando se insistía, por ejemplo, en que

«Conviene tener presente que las calles de la ciudad no están de acuerdo con la edificación moderna como la de la presente nota gráfica.»[20]

A la vez, se enfatizaba el hecho de que el mantenimiento de la «ciudad ajena» en su estado presente era no sólo una oposición a la «ciudad propia» sino al futuro y a las posibilidades de *Santa Rosa* toda. En ciertas ocasiones, esta realización de *Santa Rosa* llegaba a tomar la violenta forma de una contraposición entre una «ciudad verdadera» y una «ciudad falsa». Por ejemplo, se decía que

«Pese a los elementos negativos que tiene, Santa Rosa poco a poco se transforma en verdadera ciudad.»[21]

A las acciones comunes a ambas ciudades se sumaban las acciones a las cuales las ciudades eran sujeto y, en tanto comunes, se hacían extensivas a toda la *ciudad*. La *ciudad* se constituía así en un objeto sagrado, el cual debía ser considerado y tratado con el máximo respeto y devoción y al cual se le ofrecían los honores y homenajes propios de los objetos pertenecientes al panteón colectivo.

---

[19]   ARE, 2 de enero de 1940, Nº 1920, p. 2. col. 1-6.
[20]   ARE, 2 de enero de 1940, Nº 1920, p. 2. col. 1-6.
[21]   Ibíd.

«Este es el mejor homenaje que podemos rendirle a la ciudad en el cincuentenario y para merecer de las generaciones venideras el reconocimiento y la gratitud que hoy tributamos a los que nos precedieron hace cincuenta años.»[22]

La *ciudad* era un sujeto al que se le atribuía un «tempo», un ritmo vital normal que podía verse modificado. Se decía que

«Nuevamente nuestra ciudad interrumpe su rutina y por unos momentos abandona sus preocupaciones a fin de presenciar el espectáculo siempre magnífico de esa juventud que, año a año, va superándose en su estado físico para ir aproximándose al perfeccionamiento humano en uno de sus aspectos más importantes.»[23]

En la «ciudad ajena», por el contrario, se producían vínculos internos, de vecindad, —los «vecinos», el «vecindario»—, entre individuos que no tenían relación alguna con la *ciudad* sino que realizaban su vida en ella sin ninguna pertenencia —habitantes, personas, niños—. Genérica e impersonalmente se hacía referencia a las

«Numerosas personas han sido mordidas por los perros. Tenemos en nuestro poder la lista de los adultos y de los menores que resultaron víctimas de los canes sueltos, que en cantidad crecida recorren diariamente las calles de la ciudad.»[24]

Estos individuos, si bien percibidos como protagonistas de la vida urbana y no formando parte de ella y, mucho menos de la «ciudad propia», no desaparecían en el anonimato, sino que se los identificaba con precisión. Se hablaba así de que

«En una incidencia un vecino resultó herido. Por cuestiones que se tratan de establecer, dos conocidas personas de esta ciudad sostuvieron en las últimas horas de la tarde del sábado una incidencia.

---

[22]   ARE, 22 de abril de 1942, Nº 2621, p. 1, col 3-4.
[23]   ARE, 28 de febrero de 1942, Nº 2580, p. 1, col 2-3.
[24]   ARE, 10 de diciembre de 1935, Nº 700, p. 1, col. 1.

Luego de haber estado en una fiesta y sin que nada hiciera suponer que se produciría un altercado violento los señores Víctor Papié y Sixto Parajón se invitaron a salir en automóvil. El vehículo fue detenido sobre la calle Pellegrini, próximo a la escuela de monjas, descendiendo los citados y tomándose a golpes de puños.»[25]

La *ciudad* se había constituido así en un doble sentido, de lo propio y lo ajeno. Se presentaba como un referente conocido pero el sentido que el término tenía en su extensión más amplia sugería el conocimiento de una *ciudad* acotada, limitada a algunos ámbitos, sociales y físicos, del espacio urbano.

Estos sí eran conocidos como «la ciudad» y una representación permanente se había mantenido en el tiempo con el fin de que lo determinado como desconocido no llegara a formar parte de lo conocido.

Esta concepción excluyente de la *ciudad* promovida por las entidades voluntarias formalizadas se había hecho extensiva a las generaciones de ciudadanos. Es posible encontrar referencias actuales que acusan la existencia de la representación de una «ciudad propia» en el pasado y una «ciudad ajena» en el presente, es decir la idea de que, como «habitantes» y «transeúntes» se «deambula» por una *Santa Rosa* de la que no se forma parte. En una entrevista un santarroseño me comentaba:

«Yo ya en Santa Rosa camino y no conozco a nadie.»[26]

En este sentido, puede decirse que la plaza de Santa Rosa simboliza el mundo urbano representado por su sociedad urbana o, al menos, por aquellos que controlan y gestan una representación dominante. Por un lado, porque ella es el espejo de la ciudad hacia afuera, la cara que se trata que, especialmente Buenos Aires, perciba, y debe, por lo tanto, guardar consonancia, cambiar, «adecuarse», «modernizarse».

Por otro, porque es el espejo de la ciudad hacia adentro, que refleja quién y quienes controlan el poder, se relacionan justamente

---

[25]   ARE, 14 de octubre de 1935, Nº 651, p. 1, col. 1.
[26]   Entrevista a CM.

con Buenos Aires, y son «capaces» de interpretar lo más ajustado y conveniente para su mundo urbano.

Se concreta así esa «inscripción» textual tan bien remarcada por Ricoeur según la cual el ambiente construido refleja a lo que la sociedad proporciona preeminencia (Ricoeur, 1971: 529-562). No la plaza, el centro geográfico, el distribuidor circulatorio de Santa Rosa, sino el espejo que se buscaba que reflejase lo que debía ser visto hacia afuera o hacia adentro, independientemente de las fisuras que ello provocara.

Esas fisuras que el vocabulario refleja no son sino la expresión de la representación de un espacio urbano que se sabía construido por otros, determinado con antelación y al que poco se podía modificar. Una «oficialidad» que se admitía definida en otros momentos y cuya convalidación en el tiempo trataré de analizar más adelante en este trabajo.

América del Sur

Fundador de Santa Rosa
Tomás Mason
1842/1928
Rosa F. de Mason
1889

PLAZA
DE LA
CONQUISTA
17-1-1942

10.

Festejos, monumentos:
los edificios que todos vemos

RF: Ya no se hacen más desfiles...el del 9 de julio no sé si se hace.
Antes se hacía el carnaval. Me acuerdo cuando yo era chico que
pasaban las carrozas. Lo que sí se festeja es el 22 de abril (fecha en
la que se considera que se fundó la ciudad, 22 de abril de 1892),
me acuerdo, en la plaza...[1]

...Me llama la atención que los monumentos que he visto no ten-
gan asociada una fiesta pública, especialmente aquellos de gran
relevancia. Hago un relevamiento de las placas metálicas conmemorativas que hay en los monumentos.[2]

La ciudad ve posible en las exteriorizaciones colectivas, entre
otros muchos fines, —omitimos utilizar cualquier término que
sugiera una asociación entre los conceptos de manifestación colectiva y festejo popular— la oportunidad de relacionarse con la
cultura urbana de las redes de ciudades en las que se considera
incorporada.

A partir de representaciones en las cuales un «público», con-
formado tanto por la propia ciudad como por otras, «presencia»
un espectáculo organizado en función de demostrar la capacidad
de un «director», un grupo dominante de la ciudad, tanto autor
como organizador del evento, pretende mostrar su consolidación
como tal.

Desde la perspectiva de la representación que se conforma a partir del discurso urbano y no tanto de su funcionalidad geopolítica,
las ciudades se hallan comprendidas, por lo general, en al menos

[1]   Entrevista a RF.
[2]   Notas, Registro de campo N. 1, Santa Rosa, 1990.

dos redes urbanas. Una red se compone por aquellas ciudades que se relacionan entre sí por una cultura urbana generalizada, que se compone por una gran cantidad de elementos culturales que pueden reconocerse en gran medida en toda la red, en mayor o menor grado tanto en su centro como en su periferia. La otra, se compone por aquellas ciudades que comparten elementos culturales comunes, pero que no se consideran vinculadas entre sí en una misma red.

En América Latina se advierte la constitución de redes del primer tipo en la red de ciudades de pampa húmeda o la red de ciudades andinas. En esta *red urbana cercana*, la ciudad forma parte de un todo cultural que percibe como próximo. Tanto es así que produce como paradigmas realizables y, en algunos casos, verdaderos modelos para su cultura urbana, aquellas ciudades que reconoce como más centrales.

Esta *red urbana cercana*, que denomino así en tanto en ella la ciudad se considera incluida, está contenida como una sub-red dentro de la otra red de ciudades, una *red urbana lejana*, en la cual se identifican otros o algunos de los elementos culturales presentes en la red cercana, pero nunca todos ellos. Se podrá determinar así, por ejemplo, una red de ciudades hispanoamericanas, en la que podrán encontrarse algunos elementos comunes, en general escasos, de la cultura urbana de ciudades pertenecientes a distintas redes cercanas.

Entre las exteriorizaciones colectivas que la ciudad realiza existen, por otro lado, aquellas que competen a una *ciudad intramuros*, que no están destinadas más que a aquellos que forman parte de la vida íntima de la ciudad. El simbolismo que toman los espacios físicos que se eligen para su realización no contienen sino referencias reconocidas localmente que, en todo caso, pretenden proyectarse hacia espacios donde se conozca, reconozca o se ignore, su centralidad, es decir dentro de aquella red cercana de ciudades a la cual la ciudad se integra o pretende integrarse.

Existen también otras exteriorizaciones, que pretenden universalizarse —siempre dentro de los límites que impone, en todo caso, la cultura de la red urbana lejana— como parte de la actitud de una *ciudad extramuros*, en las que los símbolos que constituyen sus espacios físicos tratan de hacerse conocidos más allá de los límites de su cultura más cercana, y pretenden incidir en toda la red, especialmente en aquellos espacios culturales de la red que se consideran más centrales.

La creación del mundo simbólico urbano lleva a que en las ciudades los grupos utilicen determinados ámbitos físicos para exteriorizarse con el afán de aprovechar el reconocimiento colectivo que estos ya poseen y, de esa manera, extender su exteriorización a un nivel de mayor profundidad en la cultura urbana. Los seres urbanos han venido encontrando, desde las primeras manifestaciones de su vida como tales, distintas formas de gestar y reconocer colectivamente los símbolos de su vida en común. Entre ellas existen las que operan relacionando espacios físicos y espacios sociales.

El espacio, por lo tanto, no tiene una importancia en la cultura de por sí, antes de que la ciudad le otorgue su significado simbólico. El «ágora» y el «foro» son relevantes para las culturas urbanas de sus ciudades por la decisión colectiva de su reconocimiento como tales, no porque se desarrollaron en determinados espacios físicos de la ciudad.

Este afán grupal por connotarse y perdurar en la ciudad a partir de la utilización de sus espacios físicos puede producir lo que se conoce como *descontextualización del ámbito*, ya que el ámbito físico, como todo texto de la ciudad, posee un simbolismo definido que expresa el sentido permanente de lo colectivo, el cual se contrapone al sentido momentáneo del interés particular. En Buenos Aires, por ejemplo, puede verse como, reiteradamente y en distintas oportunidades, se convoca a la «Plaza de Mayo» para exteriorizaciones no propias de toda la ciudad. La «Plaza», que tiene múltiples símbolos en la cultura de la ciudad, siempre relacionados con lo colectivo más profundo, muchas veces no se «ajusta» a los fines, sino más reducidos, distintos, de los grupos convocantes, por lo que la exteriorización queda descontextualizada. La muestra más clara de la *descontextualización del ámbito* es que la exteriorización, por más que sea legítima en sus reclamos, no llega a modificar el sentido que tiene el ámbito, el que sigue siendo el mismo símbolo colectivo.

Si consideramos los *festejos* colectivos urbanos según las dos clases que hemos tomado, intramuros o extramuros, podría pensarse que la representación del *festejo* como una circunstancia intramuros significa una oportunidad que gesta la ciudad para demostrar su capacidad de imposición de pautas culturales urbana hacia la periferia de la red, mientras que la representación del *festejo* como una circunstancia extramuros, es decir trascendente a los límites de la red cercana e inmanente a la red urbana lejana, significa una oportunidad en la ciudad para la gestación de textos donde se procura exponer, lo más ajustadamente posible, los valores colectivos más generalizados e impuestos con mayor éxito por las élites urbanas de las ciudades más centrales en relación a su concepción de culturas urbanas cercanas y lejanas.

Se hace evidente que no es posible separar el festejo colectivo de la acción de un grupo dominante. El festejo en la ciudad es siempre un festejo impuesto, aunque en él se procure una participación extensiva a toda la ciudad. Un grupo con capacidad organizativa, y ya por ello dominante, que muchas veces controla el ámbito decisional, consigue que otros lleven a cabo, según una decisión que puede haberse exteriorizado o simplemente adoptado como propia por organizadores transitorios —comisiones, sub-comisiones, organizaciones— que no conforman el grupo, sino instrumentos de la acción de este y, por lo tanto, repetidores de su discurso, una reunión en la que se exteriorizan elementos culturales que se procuran internalizar en un conjunto amplio de la ciudad que, como consecuencia, conduzcan a que el participante —el asistente a la reunión—, reconozca la hegemonía urbana del organizador y, especialmente, del grupo creador.

El festejo se materializa no sólo en su realización, el *acto*, sino en su conceptualización, el *programa* del festejo. El *acto* sirve para averiguar la mayor o menor aceptación y la calidad de la interpretación que el grupo realiza de los símbolos de la cultura de la ciudad, lo que queda conceptualizado en el *programa*, un compendio de la concepción que el grupo tiene, no sólo de sí mismo sino del todo urbano que controla y procura seguir controlando.

La confección del *programa de festejo* implica la puesta a prueba de la más profunda imaginación y un cuidado excepcional, ya que la ciudad considera que se «ex-pone», es decir, se exhibe, frente a otras ciudades de la red, especialmente aquellas que se consideran de mayor jerarquía. En este sentido, puede considerarse como un producto cultural genuino, donde pueden encontrarse las manifestaciones más acabadas de la representación urbana.

Debe pensarse que de la organización del festejo depende la consideración que pudiera tenerse del desarrollo de la cultura urbana de la ciudad para otras culturas, lo que, en el caso de las ciudades nuevas de pampa húmeda, como Santa Rosa, es fundamental para su conformación e identificación. Esto, sin embargo, tiene sus matices. Un *programa de festejos* de una ciudad periférica muy difícilmente llega a ser considerado por otras ciudades que conocen o participan de él, especialmente aquellas más centrales. Por ejemplo, los festejos sobre los que se realizan comentarios elogiosos en una ciudad como Buenos Aires nunca son aquellos realizados en una capital de provincia, como Santa Rosa, sino en París o una ciudad más central en la red. Podría pensarse que lo que la ciudad organizadora trata, no es tanto de estimular esta generación de textos elogiosos, sino el evitar la generación de un texto que permita acentuar aún más su centralidad.

Puede intuirse, por lo tanto, que la «ex-posición» a través del *programa de festejos* se realiza, en realidad, también con otro fin. No es el de imponer el liderazgo de la ciudad en la red sino el de confirmar el liderazgo del grupo dominante. La «puesta a prueba» de la ciudad frente a otras que, en definitiva, es el significado del *programa*, es en realidad una «puesta a prueba» del grupo lideral, que utiliza el festejo como un «pre-texto» para demostrar que su capacidad de dominio urbano sigue intacto y, de esta manera, desestimar cualquier pretensión sobre este dominio por parte de otro grupo.

Esta capacidad de dominio del grupo se pone a prueba de una manera particular en los *programas* ya que en estos el grupo debe manifestar ser capaz de interpretar lo más ajustadamente posible la cultura de la red de manera de no producir reacciones en otras ciudades que ayuden a que sus grupos opositores se fortalezcan en la lucha por el dominio urbano. De esta manera los *programas*, lejos de constituir textos sobre los que puedan estudiarse los festejos, constituyen sólo parte de los textos de un grupo dominante y, por lo tanto, transmisores de la representación que el grupo dominante posee de la estructura urbana.

Las reacciones de la ex-posición que significa el festejo se ponen de manifiesto en los textos que se producen en otras ciudades de la red, especialmente los periódicos, más numerosos y extensos en las ciudades que constituyen la red urbana cercana y menos en numerosos y extensos en las ciudades que constituyen la red urbana lejana.

Analizo, a continuación, dos programas de festejos organizados en Santa Rosa, en 1942 con motivo de la inauguración del monumento al general San Martín, héroe de la independencia argentina. Estos festejos fueron de particular importancia para Santa Rosa, ya que modificaron el centro simbólico de la ciudad. Vestigios de esta inauguración pueden leerse en las placas que actualmente se encuentran en el propio monumento:

De la Comisión Pro Monumento
La policía de La Pampa realizó entre sus miembros una colecta para un busto en homenaje al Libertador general San Martín.
El Gobernador General Miguel Duval resolvió se erigiera una estatua ecuestre auspiciando la contribución de todo el Territorio que respondió ampliamente.
El Superior Gobierno de la Nación aprobó su ubicación en esta plaza. Decreto 98.899 fecha 16-8-1941.
La colecta abarcó un lapso de dos años costeándose la estatua, basamento y obras que la encuadran y que se inaugura en la fecha.
Santa Rosa, 12.X.1942.

La Pampa al general San Martín
12.X.1942.
Representa para los argentinos el ideal americano de democracia, de justicia y de libertad.
12 de octubre de 1942.

En 1942 se realizaron en Santa Rosa dos manifestaciones organizadas por el grupo que controlaba los ámbitos de decisión, el gobierno territorial y el comunal, consideradas y tratadas de imponer como eventos de reconocimiento, íntimo y propio, que, lo que en ese entonces se denominaba «La Pampa» —un colectivo que procuraba generalizarse a toda costa en la red de ciudades de pampa húmeda— tenía la obligación de hacer. El grupo que controlaba, por su parte, el ámbito de decisión santarroseño se

consideraba como el encargado de interpretar cómo esas manifestaciones debían realizarse.

En ellas, dos espacios públicos, ya delimitados, edificados y
reconocidos en el discurso urbano de la ciudad como referentes
colectivos jerarquizados y jerarquizantes de otros espacios que se
asociaban en los textos a ellos, fueron transformados, en un afán
de imponerlos como símbolo a toda y de toda la ciudad, a partir
de la estabilización de un significado convencional. En una reunión pública, denominada *festejo*, se comunicó y se hizo partí-
cipe a toda la ciudad, de manera que esta, además, convalidara y
aceptara esa transformación.

Hoy en día se haría difícil pensar en la modificación de la edificación monumental de los espacios públicos centrales de alguna
de las ciudades rioplatenses. No porque a los grupos dominantes
de los ámbitos de decisión no se les ocurra hacerlo —hace dos
años la plaza central de Santa Rosa sufrió una remodelación casi
total a instancias de su intendente—, sino por el hecho de que
ciertos patrones ocultos, pero no por ello menos profundos y es-
tables de nuestra cultura urbana adquirida, han transformado los
bustos, los caballos y las pirámides en símbolos permanentes de
nuestras ciudades, de la misma manera que lo han hecho las catedrales en las ciudades europeas. Sin embargo esto no ocurría hace
50 años en el borde urbano de la llanura.

Esta búsqueda por la determinación de los espacios simbólicos,
aunque de sorprendente rapidez en la red de ciudades de pampa
húmeda, tuvo un período de gestación —muy breve— que no
fue contemporáneo a sus fundaciones sino posterior. Con velocidad, las demoliciones se sucedieron a las construcciones para
dar «lugar» al cambio total o a la colocación de objetos con el
fin de representar, cada vez con mayor justeza, a la ciudad toda,
según la mayor o menor capacidad de decisión sobre la transformación edilicia de estos espacios, cada vez menor en el tiempo,
de aquellos grupos con poder de decisión sobre el cambio físico
de la ciudad.

Para el caso de Santa Rosa, la organización de *festejos* tiene un
momento de auge en la década de los cuarenta que no puede in-
dependizarse de la proximidad del cincuentenario de la fundación.
Para esta época los grupos dominantes de la ciudad comienzan a

reconocer la importancia de la connotación simbólica de los espacios físicos y la necesidad de relacionarlos con otros, reconocidos por la cultura de las redes urbanas cercana y lejana.

Los festejos, tanto desde la perspectiva de la ciudad intramuros como de la ciudad extramuros producen esta connotación simbólica no a partir de la vinculación de los ámbitos físicos con nombres de vecinos o lugares propios de la ciudad, sino con la utilización de nombres de próceres colectivos de reconocimiento extralocal —nacional—.

Deberíamos detenernos a evaluar las características de esta representación y, quizás, su legitimidad. ¿Hasta donde una manifestación colectiva organizada se corresponde con el festejo popular y hasta donde es posible el festejo popular sin organizadores? Preferiría no dedicar espacio a este análisis, que se apartaría del tema de este trabajo, y dar por supuesto el hecho de que todo festejo colectivo que se realiza en la ciudad es en sí mismo un festejo impuesto. Determino, en cambio, las similitudes y diferencias de las formas y contenidos de estas manifestaciones colectivas urbanas de organización planificada e impuesta, cuando permiten la posibilidad de representar los distintos intereses y la distinta representación de un mismo grupo con respecto a la ciudad y a las redes en las cuales la ciudad se considera incorporada.

Estas dos manifestaciones públicas realizadas en Santa Rosa en 1942 sobre la base de un mismo tema (el homenaje a una gesta militar) estaban concebidas de manera diferente porque, de hecho, se consideraban para distintos destinatarios. La primera que se llevó a cabo, la inauguración de la «Plaza de la Conquista», el 29 de abril, —una plazoleta lindera a la estación del ferrocarril en la que se levantó una pirámide recordatoria de la campaña militar dirigida por el general Roca hacia el sudeste bonaerense en 1876— buscaba su convalidación entre el ámbito más restringido de la red urbana próxima. La segunda, la inauguración del monumento al general José de San Martín, que ocupó tres días y que culminó con la inauguración propiamente dicha el 12 de octubre, trataba de transformarse en un festejo representativo de una red urbana lejana.

El hecho de elegir una fecha de connotación muy extensa, más allá de los límites de la red propia, como era el 12 de octubre, es un primer indicador de cuales fueron las intenciones y expectativas que el grupo procuró llevar adelante. Para el grupo, en ambos casos, siempre se trataba de un homenajeante anónimo y colectivo, el «pueblo de La Pampa».

> «Corresponde a todo el pueblo de La Pampa el honor de haber contribuido.»

> «El homenaje que el pueblo de La Pampa tributa al Libertador, el gobernador del Territorio y la Comisión Central han dispuesto la realización de diversos actos, que alcanzarán proporciones destacadas.»

En la primera manifestación, el homenajeante, aunque se extendía más allá de los límites de Santa Rosa, elegía un espacio público de esta para realizar su tributo. De esta manera, el espacio público de una ciudad representaba a toda La Pampa.

> «Reconstruida la pirámide y realizadas las obras de ornato en la 'plaza de la Conquista' con intervención de la comisión Pro-monumento al general José de San Martín y la cooperación de la Dirección General de Arquitectura por intermedio de la dirección de zona corresponde a todo el pueblo de La Pampa el honor de haber contribuido a la realización de este homenaje a los valientes y esforzados expedicionarios del Desierto, que con su arrojo, ganaron estas tierras para la civilización.»

En la segunda se procuraba que el homenajeante se extendiera más allá de La Pampa y, por lo tanto, que un espacio público de Santa Rosa también fuera representativo de otros espacios que trascendieran no sólo los límites de Santa Rosa sino de La Pampa misma. Se buscaba la representación del espacio de la Nación.

Para el grupo, los festejos debían realizarse en espacios públicos de la ciudad no sólo representativos de ella sino pertinentes a la demostración hacia el afuera. Los espacios públicos elegidos por el grupo formaban parte de lo que en el discurso urbano de la ciudad era considerado como «centro», un espacio que no se extendía más allá de la plaza nuclear, sobre la que se levantaban la edificación que servía al funcionamiento institucional, sus arterias perimetrales y su vía de comunicación con la estación del ferrocarril.

La elección del «centro» para los festejos se debía a una decisión intencional. Para el grupo era claro que el espacio utilizable para el «afuera» «debía» ser el centro. De hecho el centro era el espacio de la ciudad que concentraba las comunicaciones, tanto internas como externas. Análogamente a lo que para Roland Barthes es el centro, es decir «el lugar privilegiado en el cual se encuentra al otro» (Barthes, 1991b [1967]), el centro de Santa Rosa se transformaba en el punto de representación de la ciudad toda, el espacio que se consideraba que el afuera utilizaría en caso de reparar en la ciudad, el lugar en el cual se encontraba, además de al «otro», a las «otras» ciudades de la red y, muy especialmente a aquella que se consideraba modelo y paradigma de cualquier ciudad de la llanura: Buenos Aires.

11.

Querer ser como otro: muchos espacios en el mismo lugar

Tan compleja es la realidad, tan fragmentaria y tan simplificada la historia, que un observador omnisciente podría redactar un número indefinido, y casi infinito, de biografías de un hombre, que destacaran hechos independientes y de las que tendríamos que leer muchas antes de comprender que el protagonista es el mismo. Jorge Luis Borges (Borges ,1960: 171).

Las referencias al pasado de un sujeto, para los que las efectúan, tienen, entre otros, un fin, que consiste en entender y hacer entender a los demás, y si es posible hacer que los demás compartan y divulguen, la representación que se tiene de ese sujeto del cual se hacen las referencias. En este sentido, como decía Borges, las referencias al pasado son ilimitadas.

Frente a las referencias sobre el pasado de un sujeto realizadas por un autor o unos autores puede haber, al menos, dos actitudes. Una, someterse a las referencias en sí, tomarlas desde una perspectiva distinta a las de su autor, sujetarlas a algún marco teórico que el autor no haya previsto, persiguiendo una conclusión propia, original. Otra, analizar no las referencias en sí, sino los autores, con el propósito de advertir qué condiciones se impusieron en ellos para seleccionar las referencias y porqué algunos optaron por unas y otros por otras.

En el caso de las ciudades como entidades sociales —que es el caso que se trata aquí—, imaginar y revalorizar un pasado es de por sí un indicador de la necesidad colectiva, no sólo de su identificación, sino además de la constitución misma de una entidad urbana.

¿Podría existir una ciudad sin una sociedad urbana que haya imaginado su pasado? Cuando surge en la representación urbana la apelación al pasado de la ciudad, a su fundación, a su origen, a su gestación, es que se intenta recorrer el camino de la identificación o percibir el nacimiento de una entidad mayor que la suma de las partes que la integran, pero no necesariamente esto implica que se superan las distinciones, diferencias y los objetivos particulares de los grupos familiares que la constituyen.

Lo mismo sucede en referencia a las representaciones de otras ciudades que se toman como modelos o paradigmas para la propia ciudad. Además de la representación de un mundo exterior aglutinante que ayuda a la gestación de un mundo local relativamente unificado, las diferencias subsisten, y, de hecho, se evidencian con más fuerza: en el definir qué somos como ciudad en relación a otra, definimos —quizás no del todo conscientemente— qué somos o pretendemos ser como grupo social, cuales son nuestros objetivos particulares y, lo que es más importante, nuestra representación para la ciudad toda.

11.1 Romper o seguir con el pasado

Podría pensarse que generalmente la revalorización del pasado de una ciudad aparece con mayor claridad en momentos específicos, los aniversarios de la fundación, por ejemplo, y no necesariamente ocupa mayor relevancia que otras referencias.

Sin embargo, en la revalorización y funcionalización del pasado de Santa Rosa, una prolongada secuencia no necesariamente referida al aniversario de la ciudad se refirió permanentemente al pasado urbano, hasta constituirse en una parte dominante de la representación urbana contemporánea. El pasado, utilizado durante mucho tiempo en la ciudad como elemento de una polarización entre ruptura o continuidad, —ruptura como corte abrupto y necesario para permitir la vida urbana, continuidad como la necesaria permanencia de lo ya obtenido para permitir una consolidación de ciertas pautas de la ciudad que se destacan sobre otras—, pasó a ser un elemento dominante, hasta constituirse en una referencia permanente en el discurso urbano santarroseño.

Su presencia y reincidencia en las referencias a la ciudad durante la mayor parte de su vida urbana da como para sugerir que esa insistencia constituyó en realidad una búsqueda permanente del ethos urbano, de saber qué se era y qué somos, de definir, en fin, qué significaba «Santa Rosa» en la llanura rioplatense.

La referencia más antigua sobre el pasado urbano data de 1895, pero no se refiere directamente al pasado de la ciudad. Al colocar la piedra fundamental del edificio de su mutual, los italianos comentaban que

> «Hoy, 25 de diciembre de 1895, en el transcurso del primer aniversario de su fundación, la Sociedad 'Patria E Lavoro', sobre terreno propio, coloca la piedra fundamental del edificio social...»[1]

De esa manera, una de las sociedades de inmigrantes más antiguas de la ciudad ligaba el acto del inicio de la construcción de su edificio a otro que consideraban de mayor relevancia, el de la «fundación» de la sociedad, doce meses atrás. Nótese que sólo habían pasado tres años de la fecha de la «fundación» oficial de Santa Rosa por Tomás Mason.

Esta necesidad de la referencia a un hecho de una antigüedad de menos de doce meses, la *fondazione*, una antigüedad en apariencia irrelevante, no se insertó por error o descuido en el acta de los primeros italianos de Santa Rosa; significaba, por el contrario, la voluntad de apelar a un pasado para dar significado de permanencia, una sustentación y convalidación de lo hecho, y demuestra la existencia de estas características en las bases socioculturales de algunos grupos de la ciudad. Son indicios de la presencia de una cierta conciencia de que la apelación al pasado y a los antepasados era un recurso genuino para la fundamentación y justificación del presente y de lo que se hacía en el presente.

Sin embargo, esta actitud revalorativa del pasado en relación con la representación del espacio local no prosperó en la ciudad sino hasta mucho después. Durante la primera década del siglo XX no existieron demasiadas referencias acerca del pasado en general y, en particular, acerca del pasado de la ciudad. Se destacaba,

---

[1] «oggi, 25 Dicembre 1895, ricorrendo il primo anniversario della sua fondazione, la Societá Patria E Lavoro sul terreno propio colloca la Pietra Fondamentale dell'edificio sociale...»AHPP. Societá Patria e Lavoro. Acta fundacional.

en cambio, la necesidad de *romper* con el pasado, un pasado que se caracterizaba despectivamente, aunque con imprecisión, y que no se vinculaba, o se vinculaba mínimamente con la ciudad. En ese sentido, puede verse que las referencias al pasado urbano estaban destinadas principalmente a gestar un espacio excluyente que buscaba integrar a algunos y marginar a otros. En las críticas al intendente en 1915 se decía, por ejemplo, «un anciano de ochenta años, ¿qué puede hacer cuerdamente?, o bien, avaro por instinto y por razón de su avanzada edad, o que la conciencia pública no podrá por menos que responsabilizar a todos de esa inmoral como injustificable perpetuación en el mando de un chocho y absolutamente inútil.»[2]

Tanto en la década del diez como en la del veinte, los recordatorios que ocuparon mayor espacio en la difusión fueron los de los aniversarios patrios, el 25 de mayo (fecha de la revolución libertadora) y el 9 de julio (declaración de la independencia).

El interés por el pasado de la ciudad se manifestó, en cambio, con claridad en 1933 cuando, un vecino, Nicolás Prascilio, reconstruyó la ciudad de 1900 según un plano, consignando los lugares que recordaba y los nombres de los vecinos, que según él, ocupaban los alrededores de la plaza de la ciudad.

Aunque no pueda negarse el interés rememorativo de Prascilio, la casi absoluta falta de referencias al pasado de la ciudad en los periódicos o en otros textos de difusión más generalizada, hace difícil considerar si en esta época se iniciaron esta clase de referencias. De hecho, el trabajo de Prascilio tomó difusión recién en 1939 cuando el plano se donó al municipio.

Los periódicos siguieron refiriéndose a la conmemoración de la fechas patrias y comenzaron a referirse a ciertos sucesos a los cuales, si bien se ligaba Santa Rosa, no eran propios de ella, y que poseían cierta antigüedad, como por ejemplo, los cincuenta años de la obra de Don Bosco en el Territorio Nacional de La Pampa o el natalicio del general Mitre.

Hasta el cincuentenario de la fundación en la década de los cuarenta, las referencias al pasado y a la ciudad fueron utilizadas con el fin de gestar un enfrentamiento entre grupos y de manera

---

[2] AUT, 16 de enero de 1915, col 1 y 2.

de crear y utilizar la polarización entre la continuidad a la ruptura con el pasado.

Los periódicos santarroseños registraron con particular énfasis la forma en que la representación del espacio se relacionó con la manera de concebir el pasado de la ciudad, lo que tuvo un fin inmediato en la vida urbana. En un editorial de 1933, que se refería a las actividades de un grupo de ancianos que aparecen como asistentes a la plaza central en búsqueda de recreación y pasatiempo— se utilizaba el espacio representado como elemento marginalizador, exclusivo y excluyente.

Los ancianos aparecían en este texto caracterizados con la intención de identificarlos y diferenciarlos en aspectos propios y en las formas que tomaba su relación con el resto de la sociedad. Se buscaba oponer a las características de estos ancianos otras que pertenecían a aquellos que eran ajenos a ellos.

Se los hacía portadores de algunas particularidades propias de la vejez; se los caracterizaba como sin capacidad o voluntad de aporte efectivo, que dilapidaban el tiempo y que no participaban de la vida urbana más que con un espectáculo que se hacía aparecer como aburrido, rutinario e inútil y que quedaba caracterizado como un ritual repetitivo y monótono, dado que eran mostrados como «Ancianos, realmente algunos o como aquellos otros prematuramente envejecidos que desde hace años que gastan los mismos bancos, disputan sobre los mismos temas, defienden las mismas ideas...»[3]

Las representaciones del espacio en relación al pasado con que se los mostraba remitían a la continuidad y al atraso. Aunque aparecían como reuniéndose cotidianamente y como los únicos usuarios efectivos de la plaza, eran considerado como ajenos a este ámbito. La plaza no les pertenecía ya que sólo la ocupaban transitoriamente. Los ancianos sólo ponen en nuestra plaza una nota característica. Se decía que venían desde *otros lugares*, desde los rumbos *más opuestos* hacia un lugar ajeno, de otros, para finalmente, «cuando el sol cae, uno a uno desaparecen, así como habían llegado uno por uno de los más opuestos lugares.» Constituían solamente una peculiaridad de la plaza, peculiaridad que se

---

[3]　ARE, 21 de agosto de 1933, Nº 1, p. 1, col. 6.

pretendía hacer ver como poco indispensable, y como tal, prescindible. Los ancianos eran, solamente, *una nota característica*.[4]

Las referencias a la marginación que la representación del espacio urbano iba creando se reforzaban con las connotaciones que tenía la descripción del lugar de la plaza donde se reunía el grupo, la *pirámide*. La pirámide se mostraba como símbolo de lo que la ciudad no debía ser. Los ancianos siempre se encontraban frente a la *antiestética pirámide del centro*.[5]

Estos santarroseños quedaban caracterizados también en lo rutinario a partir de los desplazamientos que realizaban en la ciudad. Aparecían como capaces sólo de recorrer una distancia punto a punto, con un único fin de llegar a «su» reunión, recorrido que repetían «consuetudinariamente». Esto se remarcaba con énfasis, ya que no eran considerados como parte del todo social urbano de Santa Rosa, sino como individuos aislados, que llegaban uno por uno de los rumbos más opuestos y se iban también uno a uno cuando terminaba el día.[6]

Estos desplazamientos, lejos de significar sólo un rasgo de la circulación, eran empleados para subrayar una presunta «falta de participación» en la vida activa de la ciudad y para hacer notar su desvinculación de los circuitos de la circulación urbana, (los que empezaban a ligar entre sí servicios comerciales y financieros), y para enfatizar su tránsito unidireccional.

Según el editorial, los ancianos significaban la desactualización y el desconocimiento de lo novedoso. Esto se explicitaba en las reiteradas alusiones a ellos como un conjunto de individuos sin originalidad ni intención de innovación, en quienes «la moda no ejerce la menor influencia» y en quienes se mantiene vigente la desactualización («los últimos mantenedores de los bigotes, Vittorio Emmanuele o Guillermo II»).[7]

Más aún, el grupo de ancianos se hacía ver como el sujeto de acciones que se desarrollaban en espacios urbanos con servicios precarios y deteriorados, servicios que seguramente se procuraba

---

[4] Ibíd.
[5] Ibíd.
[6] Ibíd.
[7] Ibíd.

reacondicionar o crear y para lo cual se intentaba fomentar una opinión pública favorable. Los ancianos aparecían desplazándose *haciendo pininos* (piruetas) para sortear los *desniveles* de las calzadas.[8]

Las características explicitadas no constituían características «reales» de estos santarroseños, sino que se resaltaban con el fin de crear un conjunto de comportamientos que simbolizaran permanencia, continuidad, parálisis, esterilidad. Tenían el propósito, además, de enfatizar las cualidades contrapuestas que, obviamente, no se atribuían a los ancianos sino a otros (en realidad, «nosotros») ajenos a ellos.

Aquellos *ajenos* a los entornos de los ancianos quedaban caracterizados en cambio por su dinamismo y originalidad. Estaban conformados por *el resto de la población* de la ciudad, que se hacían ver como de profusa actividad (*el ajetreo del resto de la población*) y como de activa participación en una vida urbana en constante movimiento y agitación, un grupo que *va y viene en todas direcciones.*[9]

La representación de la ciudad que resultaba permite que se piense en la posibilidad de dividir la sociedad santarroseña en dos partes: por un lado unos *ancianos*, que aparecían excluidos («ellos»), asociados a la continuidad, la no moda y la permanencia; por otro, el *resto de la población*, que se hacía diferenciar específicamente de los ancianos, y que aparecía involucrando a todos, especialmente al lector («nosotros») y a los autores, en este caso el periódico, y que era asociado a la ruptura, la moda y el cambio.

El *resto de la población* no realizaba ninguna actividad específica en la plaza. Sin embargo, aparecía como su verdadero *dueño*, que presenciaba diariamente cómo se desarrollaba un espectáculo ajeno a su pertenencia; se acotaba que, «los ancianos ponen en nuestra plaza una nota característica.» De tal manera que, paradójicamente, aquellos que ocupaban la plaza y realizaban alguna actividad vital y, más allá de esto, formaban parte de la misma ciudad, no eran considerados como genuinos participantes de la pertenencia de la plaza central, como *vecinos*, sino como *ocupan-*

---

[8] Ibíd.
[9] Ibíd.

tes espontáneos, como «personajes que celebran sus cotidianas tertulias.»[10]

El dinamismo y la circulación con la que se quería dotar al resto de la población era bien caracterizado por los desplazamientos que realizaba en la ciudad. La población no realizaba, como los ancianos, un desplazamiento unidireccional de punto a punto, sino que se movilizaba en todas direcciones y en todos los sentidos, abarcando todas las posibilidades de circulación posibles («el resto de la población que va y viene en todas direcciones»).[11]

Todas estas características tomaban la forma de cualidades ideales de un grupo social, que se le atribuían primero con el objeto de crearlo y luego de transformarlo en el símbolo de progreso, de movimiento. En este afán no dejaban de aparecer las contradicciones, cuando se intentaba enfatizar la argumentación. Por ejemplo, en algunos momentos, se trataba de una *muchedumbre* la que circulaba en la ciudad «y contemplaba al pasar este espectáculo del retraso»; en otros momentos, se trataba de «el paso ocasional de algún transeúnte.»[12]

Se buscaba la conformación de una representación del espacio que trataba de gestar o fomentar una opinión favorable a la ruptura y la modernización. Esta opinión se intentaba conseguir explícitamente a partir de la elaboración de posiciones contrapuestas; se buscaba mostrar que los ancianos se enfrentaban con los que se denominaban «el resto de la población» («despreciando el ajetreo del resto de la población»).[13]

Se intentaba además sistematizar una opción que sometía al lector a una decisión excluyente; quedaba, de hecho, excluido todo énfasis en la recuperación del origen, la pertenencia, la identidad, es decir de un pasado, no necesariamente opuesto a la modernización.

Esta opción incluía la decisión de vincularse o no a lo que se procuraba que fuera un «grupo» que aparecía sólo como un espectáculo pasajero bajo el riesgo de ser finalmente rechazado y a la vez incluido dentro de lo anormal, lo que se hacía ver inclusive como

---

[10] Ibíd.
[11] Ibíd.
[12] Ibíd.
[13] Ibíd.

grotesco, ya «que ni las impudicias de los gorriones consiguen interrumpir los debates.»[14]

La creación de un «grupo», a partir de la conformación de la representación de un espacio, los ancianos, que asociaba la continuidad y el atraso, tenía como objetivo más conducente no tanto la gestación de una oposición sino, y principalmente, la conformación de otro grupo, el resto de la población, que venía a significar un espacio de ruptura y modernización.

El mantenimiento de una utilización desvalorativa del pasado para referirse al espacio urbano se complementaba con la utilización laudatoria del presente y el futuro de la ciudad que se presentaba en los textos bajo la forma de lo que se denominaba el *progreso*. Se advierte que era común gestar no sólo referencias espaciales marginadoras sino también un espacio que involucrara la modernidad de la ciudad.

11.2. El cumpleaños de la ciudad

La totalidad de las crónicas, y la mayor parte de los recordatorios y referencias al pasado o al origen de la ciudad que hoy día se utilizan en Santa Rosa se conocieron y difundieron en torno a la conmemoración del cincuentenario. Esto se debió a que, según se conoce por los periódicos y por las memorias de las instituciones más antiguas de la ciudad de los años treinta —las escuelas y el municipio—, existió una idea generalizada de que los cincuentenarios eran el primer evento celebrable.

En Santa Rosa se advierte, justamente, que los sucesos celebrables alcanzaron gran difusión especialmente cuando se cumplían los cincuenta años y no antes. Es decir que aunque existía un real conocimiento de los años que llevaba establecida la fundación de la ciudad, este hecho no adquirió relevancia sino hasta cumplidos estos años. Tampoco se advierte ninguna intención institucional que permita suponer que esto dependía solamente de la actividad de difusión, es decir que tampoco desde el municipio, ni desde la gobernación, ni desde las escuelas —instituciones de

---

[14] Ibíd.

gran presencia en el mundo urbano santarroseño—, se emitió o propició alguna celebración antes de los cincuenta años. De hecho, la primera medida municipal que tuvo que ver con una conmemoración propia de la ciudad aclaró que se debía a que dentro de breves años cumplirá esta ciudad de *Santa Rosa* —Capital del Territorio de La Pampa— el primer cincuentenario de su fundación, para lo cual se consideraba oportuno determinar con la mayor precisión posible la fecha de la fundación de la ciudad, para poder establecer en forma definitiva el día en que ha de recordarse dicho acto.[15]

Esta oportunidad del cincuentenario sirvió para insertar en la representación del espacio urbano —representación que al momento incluía el pasado, como hemos visto, sólo como una disyuntiva entre el atraso o el progreso de la ciudad, o la continuidad o la ruptura—, un conjunto extenso de referencias a la ciudad que se apartó de las normas que se habían impuesto hasta el momento, y que, en cambio, sirvieron para revalorizar el pasado de la ciudad.

Los testimonios que se elaboran a partir de la celebración de un aniversario son importantes en tanto manifiestan la representación que distintas generaciones tuvieron de la sociedad donde vivían a partir de la posibilidad que se les ofrece «de explicar» la sociedad en la que vivieron. En la evocación de la ciudad pasada, se pone de manifiesto la percepción que una generación tuvo de sus relaciones con las otras generaciones, es decir, con la ciudad presente y, a veces, la que cree que tendrá, si tendrá, a través de suponer sus relaciones con las generaciones futuras. Es entonces cuando la representación del espacio urbano puede llegar a manifestar no sólo su funcionalidad para la sociedad —en tanto sirve a la puja intergrupal— sino además a la creación del modelo de espacio—sociedad que pretende para su bienestar. Es importante, entonces, poder determinar qué grado de funcionalidad, si la tiene, existió en la representación del espacio en relación al pasado de Santa Rosa y qué grado, a partir de la asimilación de esa representación, se fue alcanzando de un determinado «consenso» en torno a la ciudad que se intentaba y conseguía imponer.

---

[15] AMSR. Actas. Resolución municipal de junio de 1939.

Cuando llega el momento de celebrar el cincuentenario, en los años cuarenta, pueden determinarse, al menos, la convivencia de dos representaciones que ligaban el pasado santarroseño. Por un lado, se enfatizaba la ruptura, de la que se habló un poco más arriba, y que venía imponiéndose desde las décadas anteriores, en la que se dejaban ver nuevos elementos con los cuales se conseguía advertir con mayor y mejor perspectiva una nueva idea general de la ciudad. Por otro lado una representación que, aunque se materializaba recién en esta época, pertenecía a pobladores más antiguos de la ciudad, generaciones más viejas de la ciudad, y que irrumpió precisamente por considerarse más allegada a la fundación, y que generaba un discurso, hasta ese momento desconocido, donde el pasado de la ciudad tenía un nuevo significado.

En primer lugar, el cincuentenario fue tomado como el indicador del progreso de la ciudad; se decía que la ciudad había progresado, a pesar de que, a lo largo de cincuenta años algunos circunstanciales y adversos factores entorpecieron el desarrollo progresivo.[16] El progreso se había debido, no a una acción colectiva de la comunidad, sino a la acción individual, «porque es verdad demasiado conocida que a ella corresponde, más que a ninguna otra, esta evolución progresista, hasta ofrecer a la admiración general esta obra digna en todo sentido que es nuestra ciudad».[17]

El resultado de esta acción individual había sido la conformación de «nuestra ciudad», resultado conseguido a partir del inicio de un proceso que se había originado en un hecho puntual, la fundación.

Se reconocían tres etapas, tres resultados y tres agentes protagónicos de la historia de la ciudad. Las etapas eran, primero, la de la fundación, luego, la del progreso y finalmente, la del éxito de este progreso, que era lo que precisamente se consideraba que se celebraba en el cincuentenario. Los resultados, primero, la fundación, un pequeño núcleo inicial 50 años atrás, luego, una ciudad imprecisa, que se asociaba a un permanente movimiento, en permanente pujanza de su crecimiento integral e incontenible y evolución progresista, y, finalmente, la ciudad actual, grande y bella, una

---

[16]   CAP, s/n, número especial, 22 de abril de 1942.
[17]   Ibíd.

ciudad que despertaba la admiración general. Los tres agentes de
este proceso fueron primero un agente indefinido, que nunca se
mencionaba en relación a la ciudad, y que, para las citas que más
rescataban su labor, participaba o en realidad sólo asistía al inicio
de la obra de progreso cultural y económico implantado como
lema hace cincuenta años; luego se definía a los autores de ese
progreso, una caravana de luchadores, que gestaron un momento,
un período de la ciudad, caracterizado por una gran rapidez de
cambios, pero que no se consideraban como ciudadanos de esa
ciudad que construyeron sino sólo «sus autores» externos, autores
que ya habían desaparecido. A estos pertenecía todo lo que en
la ciudad se ha hecho en un lapso de tiempo tan insignificante,
calles de veinte metros de ancho y cuyos fines se pierden en los
confines; por otra parte, se reconocía el vecindario de Santa Rosa,
los hombres de progreso de Santa Rosa, esta población, los que
se consideraban que habían habitado «nuestra ciudad», la ciudad
que, a pesar de lo que era, todavía no había conseguido señalar su
verdadera importancia en el conjunto urbano del territorio.[18]

En segundo lugar, el cincuentenario y todos los que la celebración envolvía, se presentaban como protagonistas del nacimiento
y la vida de la ciudad e, indirectamente, como sus únicos responsables. Se le reconocía, por ejemplo, a una de las primeras
pobladoras santarroseñas, el mérito junto a Tomás Mason, «porque vos inaugurasteis la primera escuela de la actual floreciente
ciudad, capital pampeana, que, conforme a su rápido desarrollo
demográfico y proporcionalmente al de la población escolar, fue
aumentando los grados y la categoría.»[19]

Alrededor de estas referencias se mostraba al cincuentenario
como a la recordación del origen, del nacimiento de lo que se
denominaba el pueblo, al que se consideraba la base, el elemento
que se fue transformando y que dio lugar a lo que, en el presente,
era la ciudad. La celebración debía incluir el «justo homenaje que
merecen los que plantaron los cimientos de lo que hoy es la capital
de La Pampa.»[20]

---

[18] CAP, s/n, número especial, 22 de abril de 1942.
[19] Ibíd.
[20] Ibíd.

Aunque se hacía referencia al *progreso de esta ciudad*, en realidad, era el pueblo el verdadero sujeto que se transformaba por el progreso. El argumento que se sostenía era que, así como el pasado de la ciudad y el progreso de la ciudad se remontaban al antiguo pueblo, el pasado de la futura ciudad y del futuro progreso que alcanzara la ciudad se debería a la de entonces, lo que implicaba la imposibilidad de desligar las ciudades entre sí y la necesidad de rescatar todas las épocas de la ciudad. Es decir que el pasado y el origen de la ciudad, el pueblo, se hacía tanto justificable como responsable de la ciudad pasada como de la ciudad futura. Se hablaba de que «a raíz de esto, el pueblo de Santa Rosa, trabajaba y trabajaba pleno de confianza en el porvenir» y de que «el ímpetu de los santarroseños de hacer progresar cada día mas a su pueblo.» (Schmidt de Lucero, 1942: 1 y ss.).

La celebración del cincuentenario tenía justamente su razón de ser en tanto era un recordatorio de aquella época responsable del origen del progreso, es decir la época del pueblo, tomado en el discurso recordatorio como una ciudad en potencia. Una de las primeras pobladoras, Enriqueta Schmidt, sostenía, justamente, «no estar asombrada ni nada parecido ante el progreso de esta ciudad, mientras hablaba a la vez de que en estos primeros años el pueblo se desarrolló con una velocidad formidable y que la rapidez con que se construían casas nuevas y negocios era asombrosa.»[21]

En los años posteriores, hasta fines de los años sesenta, la ciudad del pasado fue recordada, con mucha menor extensión, anualmente, para la fecha determinada de la fundación, el 22 de abril. La representación del espacio en torno a la fundación de la ciudad, de aquellos que se presentaban como los protagonistas de su nacimiento y su vida, desapareció, de hecho, luego del cincuentenario.

El aniversario siguió siendo, sin embargo, tomado como un indicador del progreso de la ciudad y una vara a partir de la cual medir las pugnas y los alcances de los poderes grupales. Se trataba, por lo tanto, del progreso futuro, no del pasado ni del alcanzado hasta el presente; el progreso se había debido a la acción del poblador de Santa Rosa, la puja civilizadora del poblado. El resultado,

---

[21]   Schmidt de Lucero 1942, 1 y ss.

tal como se expresaba en la conmemoración del cincuentenario, había sido la conformación de «nuestra ciudad», resultado conseguido a partir del inicio de un proceso que se originó también en la fundación, la que se idealizaba y se intentaba asociar a la campaña militar de Roca como una empalizada de la fortaleza protectora y que había culminado en esta joven ciudad optimista.[22]

El final del proceso había sido la transformación de la ciudad, transformación que se manifestaba en dos aspectos: por un lado, uno «edilicio» («la verticalidad de los actuales edificios», «las magníficas estructuras arquitectónicas que hoy conforman y embellecen el conjunto edilicio de nuestra ciudad») y por otro una jerarquización de la ciudad con respecto a otras ciudades que se ubicaban en un espacio fuera de la pampa húmeda, lo que se definía genéricamente como el «oeste», (Nuestra ciudad se ha convertido en una de las primeras del oeste).[23]

El agente de la fundación se definió, en las celebraciones posteriores al cincuentenario, como «los fundadores». Estos «fundadores», como anteriormente los llamados «autores» del cambio de la ciudad, tampoco eran ciudadanos o vecinos o de alguna manera partícipes de la ciudad, sino agentes externos, fundadores de *nuestra ciudad*, que habían incidido desde afuera, a los que se les reconocía, en todo caso, una *entusiasta y abnegada entrega*, una acción instantánea, luego de la cual, habían desaparecido.[24]

Los autores del progreso se agrupaban en lo que se llamaba genéricamente el poblado, se personificaban como el poblador de Santa Rosa o las futuras generaciones (con respecto a la de los fundadores) y se especificaban con precisión: en estos momentos se hablaba de la *fraternal lucha* y (los) *sacrificios de gringos* (por extranjeros europeos) y nativos la que había permitido la transformación de la ciudad.[25]

También se constituían en agentes externos de la ciudad aquellos contemporáneos al festejo cincuentenario. Los autores de estos textos ya no se consideraban integrantes de la ciudad sino

---

[22] Ibíd.
[23] CAP, número especial, 22 de abril de 1942.
[24] Ibíd.
[25] Ibíd.

sólo lejanos espectadores de lo que, se decía, «Santa Rosa vivió». Quizás todo un preludio de ese lento proceso que ha llegado a que hoy, un santarroseño circule «de memoria» entre nombres de plazas, calles y monumentos.

12

Copiar ciudades

Entonces era el año 1902. Yo tenía muchas ganas de viajar. Yo quería ir a Buenos Aires. Juan Monnier.[1]

La consolidación del proyecto de la pampa urbana se cristalizó, en las ciudades de llanura, a partir de una relación de intercambio desigual en la red donde lo económico ligado a lo demográfico concentró riqueza y pobreza y la distribuyó operativamente según las vicisitudes ultramarinas del puerto de Buenos Aires. Pero este proyecto se consolidó no sólo gracias a la combinación de estos factores, sino a partir de su materialización en formas colectivas de concepción del espacio que hicieron que en cada ciudad de la llanura se recreara, a otra escala, el mismo esquema centralizador y concentrador.

Buenos Aires hegemonizaba en la funcionalización de la llanura pero creaba y difundía al mismo tiempo los patrones de urbanidad, de relación socioespacial, de construcción y de idea de lo que debía ser una sociedad urbana, en un juego de presentación y representación, en una proyección de ida y vuelta. De la misma manera que Londres y París para Buenos Aires, el puerto se representaba en las ciudades de la llanura como el paradigma a seguir, un paradigma que sólo algunos —y no todos aquellos que formaban parte de las sociedades urbanas— estaban en condiciones de aclarar y aclararse y que forzaba hacia una explicación.

El límite y funcionalización del paradigma de Buenos Aires en la llanura se hizo particularmente evidente en el caso de Santa Rosa.

---

[1]   AHPP. Monnier, op. cit.

Quedó reflejado en la conformación de la representación que se organizó alrededor de dos conjuntos de referencias, que, en tanto se centraron en la comparación de un espacio local y uno extralocal, pueden denominarse como un «adentro», un lugar propio, y un «afuera», un lugar ajeno. Es en esta representación del espacio construida sobre la base de la comparación y la exclusión que dejan verse las características de la ciudad paradigmática.

En una primera definición, podría decirse que el «adentro» santarroseño se incluyó siempre dentro de las referencias a *Santa Rosa de Toay*, *esta localidad* o *esta capital*, generalmente con la referencia a un espacio posiblemente más conocido (*Pampa Central*) y a la ubicación de la ciudad en la red ferrocarrilera (*Estación Lagos. F.C.O*). En los avisos comerciales, por ejemplo, se especificaban las ubicaciones de la siguiente manera:

> «Eduardo Espeche, Agente judicial, Escritorio calle Gerente Roberts, Santa Rosa de Toay.»

o de esta otra:

> «Se vende el taller de pintura El Barato de José Bovira. Dirigirse al propio interesado en la calle Boulevard Roca, entre las calles Coronel Gil y ministro Jofré en esta capital. Santa Rosa de Toay. Estación Lagos F.C.O.»[2]

Adviértase cómo, la referencia que tanto conflicto despertara en otra oportunidad (*de Toay*), en este período se utilizaba de manera provechosa. Convenía que Santa Rosa fuera ubicada con precisión desde *afuera*, aunque para esto fuera necesario alterar su nombre.

El «afuera» santarroseño, en cambio, generalmente era denominado como *Buenos Aires*, *Montevideo* o como *Capital Federal*. Sin embargo, cuando se mencionaba la forma en que se consideraba ese «adentro» desde el «afuera», no se hacía referencia a la ciudad sino que se lo consideraba como *la Pampa, el Territorio* o *nuestro Territorio* mientras que el «afuera» aparecía referido como *otros territorios*. Existía la percepción que desde el «afuera» la ciudad de Santa Rosa

---

2   CAP, 4 de enero de 1912, No 2000, p. 3, col 1-7.

no era notoria ni notable y que quedaba incluida en el Territorio Nacional de La Pampa, a su vez considerado como un elemento más en el conjunto «impreciso», de los territorios nacionales.

Esta representación no se correspondía con el peso económico que Santa Rosa y el Territorio Nacional de La Pampa iban adquiriendo. Para darse una idea, si bien las primeras experiencias en el cultivo del trigo se dieron en 1895, el área sembrada ya había adquirido significación nacional a partir de 1905, cuando la superficie sembrada alcanzó el 1 por ciento del total del país. A partir de este momento se produjo un rápido crecimiento que desembocó en el auge productivo de la zona en la década de 1910 a 1920, cuando el Territorio Nacional de La Pampa llegó a producir el 30 por ciento de la producción nacional argentina, para ese entonces uno de los principales productores mundiales (Gaggiotti, 1994a: 1).

Por otra parte, en el «adentro» santarroseño se localizaban las otras localidades del propio Territorio Nacional de La Pampa, las que eran incluidas dentro de lo se denominaba generalmente *el interior*.

Pero volvamos momentáneamente al «afuera» construido desde Santa Rosa. Sin duda Buenos Aires era la ciudad de ese «afuera» a la que se hacía más referencia, siempre como una ciudad jerarquizada con respecto a otras. Esta jerarquización se hacía evidente y con particular énfasis en los periódicos locales, ya que tanto en el conjunto de avisos comerciales y profesionales como en los textos editoriales de particulares, o de los propios periódicos, se hacían recurrentemente referencias a Buenos Aires como ciudad jerarquizada.

De hecho, Buenos Aires aparecía definida como el único centro de intercambio para ciertos productos, ya que su adquisición sólo era posible en determinados comercios con sede únicamente en esa ciudad.[3] Era vista como una ciudad que jerarquizaba a aquellos que habían tenido alguna relación con sus servicios. En los

---

[3] Sobre el conjunto analizado de avisos comerciales se advirtió que una gran mayoría, el 50 por ciento, consignaban la ubicación de los comercios en Buenos Aires sin sucursal o representante en Santa Rosa, a la vez que se publicaban un conjunto importante de avisos ubicados en otras localidades del Territorio.

avisos de servicios de profesionales generalmente se precisaban los antecedentes del profesional y se destacaban especialmente cuando este había trabajado o estudiado en instituciones de la ciudad. Por ejemplo se hablaba del «Dr. Antonio Palermo. Ex consultor de los hospitales Italiano y Rivadavia de Buenos Aires.»[4] Esto guarda correlato con la atracción comercial relativa que ambas ciudades ejercían sobre otros puntos de la red.

Esta forma de jerarquizar Buenos Aires también aparecía con frecuencia en aquellos avisos comerciales que ofrecían algún servicio específico en Santa Rosa, por ejemplo la «Sastrería La Moda. Esta casa está atendida por su dueño que ha estado de cortador en la sastrería más importante de Buenos Aires.»[5] La jerarquización se buscaba hacer evidente en tanto que Buenos Aires se representaba como un espacio donde existía la máxima calidad en un servicio o un producto, significación que no se atribuía a ninguna otra ciudad de las que figuran en los avisos. Se hablaba, por ejemplo, de «Juan Schmidt. Trabaja con las personas de más responsabilidad de la Capital Federal, o del Estudio fotográfico de Pedro Monnay. Único instalado a la altura de los mejores de su género en la Capital Federal.»[6]

Podría sugerirse que estas apreciaciones estaban en directa relación con la magnitud de ambas ciudades. Santa Rosa tenía una cantidad de población tan escasa con respecto a Buenos Aires que cualquier otra consideración que no fuera la jerarquización hubiera sido imposible.

Volviendo a la representación que se hacía del «adentro» en general y de Santa Rosa en particular, puede verse que esta se enriquece con lo que aparecía en los textos de los editoriales de los periódicos. Aquí se refuncionalizaba la representación del espacio que la élite liberal de Buenos Aires había explotado desde más de un siglo antes. Con el uso —otra vez— del *desierto*, Santa Rosa se consideraba a sí misma asociada a un mundo de extensión infinita, un desierto que en realidad se caracterizaba por ser una planicie interminable, con la cual la ciudad se pensaba asimilada y confundida:

[4] CAP, 4 de enero de 1912, No 2000, p. 1, col 1.
[5] CAP, 4 de enero de 1912, No 2000, p. 3, col 4-5.
[6] CAP, 4 de enero de 1912, No 2000, p. 4, col 1-2 y p. 3, col 4-5.

«Insistimos. La Pampa es la Pampa. Vista de lejos aparece como una inmensa extensión donde —al decir del poeta— la vista se pierde sin tener donde posar. Emporio del desierto, de lo amplio, de lo infinito. Ya os dije que una cosa es nuestra capital vista desde lejos.»[7]

Esta característica no sólo se explicitaba con el fin de dar una posible descripción de su entorno geográfico, sino que se extendía a una percepción más profunda que incluía las expresiones sociales y culturales de la ciudad, que generalmente eran descritas dentro de lo que se denominaba la «vida de la ciudad», y que se representaban también en términos de una extensión interminable y de una monotonía ininterrumpida. Los periódicos, de hecho, sostenían que los vecinos de Santa Rosa «esperaban algo que turbase la habitual monotonía de las pequeñas ciudades.»[8]

En estos términos se hacían también presentes las referencias a la ciudad paradigmática. Buenos Aires se representaba «elevada» por sobre la planicie, en un punto «lejano» del espacio, tan lejano como extensa se representaba ese espacio circundante llamado pampa. Esta posición privilegiada, además de hacerse notar como un predominio, un punto hegemónico en la dominación del espacio, tenía otros significados que se reiteraban en la representación del espacio.

Buenos Aires era referida como una metrópoli, una ciudad grande, concentradora de información y administración. En contraposición aparecían un conjunto de ciudades como Santa Rosa que quedaban dentro de un grupo denominado de ciudades pequeñas. En general se hablaba de ellas como *nuestro pequeño centro.*[9]

En esta representación de un «adentro» y un «afuera» quedaba establecida por sí sola la relación de una ciudad con la otra, es decir, de la forma que tomaba la relación de Santa Rosa con el paradigma que se intentaba recrear. De esta manera, Buenos Aires era representada como un centro creador de sucesos únicos y espectaculares, que a veces se tomaban como una exageración premeditada.

---

[7] CAP, 21 de enero de 1912, No 2014, p. 1, col 7.
[8] CAP, 6 de enero de 1912, No 2002, p. 1, col 7.
[9] CAP, 6 de enero de 1912, No 2002, p. 1, col 7 y p. 2, col 1.

«La cosecha ni está perdida ni está salvada. Las informaciones que vienen de Buenos Aires en las estadísticas de los grandes diarios no hacen bien al agricultor ni al comerciante, perjudican enormemente las operaciones y el crédito, que no vive de exageraciones.»[10]

Sin embargo, estos hechos únicos y originales que se percibían a veces como exageraciones tenían una especial significación cuando, en referencia a lo que se denominaba la «vida de la ciudad», se relacionaban Santa Rosa y su paradigma. Buenos Aires tomaba entonces la forma de un centro de jerarquía y de referencia inevitable para la recreación del modelo de vida de la ciudad que se intentaba imponer para Santa Rosa. De esta forma, Buenos Aires se representaba bajo la forma de un centro jerarquizado en tanto allí se encontraba la sede natural de lo que se denominaba la cultura, elemento esencial para la vida de la ciudad.

La *cultura* era un elemento preciso, que se asociaba a obras de teatro, música y bailes en salones, que excluía, por ejemplo, las funciones de cine u otras manifestaciones de la vida social de la ciudad. Por ejemplo, con respecto a una velada, se resaltaba que:

«Las impresiones no podían ser más gratas. Santa Rosa ha demostrado su cultura porque ha respondido a su vieja tradición de buen gusto. Nos referimos a la decidida protección que se dispensara a la compañía dramática de García Ortega Díaz de Mendoza que con el tren de ayer partió a Pehuajó. Y no podía suceder de otro modo, desde que se trataba de una compañía compuesta en su género por elementos distinguidos que en cualquier sociedad culta donde actuaran han tenido siempre buena aceptación.»[11]

a la vez que se alertaba que:

«Pero si tan elocuente manifestación de cultura importó aquella actitud, igualmente elocuente de incultura resultaría si el público

---

[10] CAP, 4 de enero de 1912, Nº 2000, p. 1, col 7 y p. 2, col 1.
[11] CAP, 24 de enero de 1912, Nº 2016, p. 2, col 1.

no responde a tal excepcional ocasión de presenciar manifestaciones de verdadero arte.»[12]

Esta singular cultura, que en el discurso urbano santarroseño procedía y tenía lugar principalmente en Buenos Aires, era a la cual se debía su importancia y jerarquía y, por lo tanto, debía multiplicarse para llegar, a su vez, a la jerarquización. Es por este camino que Santa Rosa alcanzaría asimilarse al paradigma.

La forma que tomaba el paradigma se completaba con la presencia y la utilización en la representación del espacio de referencias a una permanente rivalidad y competencia de Santa Rosa con Buenos Aires, es decir que el modelo de ciudad que se buscaba imitar era percibido de una jerarquía tal que a su vez se rechazaba y se intentaba suprimir:

«Hablemos del Alcázar de las Perlas; dos públicos conocen la deliciosa factura: Granada y Santa Rosa de Toay. Los buenos porteños sonreirán un poco. Mejor. La vida es un tanto amable tejido con sonrisas. Sonreirán un poco. ¿En Santa Rosa de Toay se ha conocido antes que en ningún otro pueblo del Norte y Sud América?»[13]

Pero fundamentalmente Buenos Aires formaba parte de este paradigma en tanto su condición de *capital*. Era el hecho de ser la Capital Federal lo que se constituía en el elemento de referencia para otras capitales. Se construían expresiones como las vistas más arriba: en Buenos Aires, como en Montevideo y como en las principales capitales de provincia.[14] Buenos Aires, por ser capital de la República era modelo de lo que debían ser las capitales de provincia y territorios. Santa Rosa, por su parte, al ser capital debía cumplir con los elementos correspondientes de una capital, estos eran, los que se representaban en una «capital paradigmática».

«Nunca nos habíamos imaginado, que en plena capital del Territorio, en el centro mismo donde residen las altas autoridades

12 CAP, 14 de enero de 1912, N° 2008, p. 2, col 2.
13 CAP, 21 de enero de 1912, N° 2014, p. 1, col 7.
14 AUT, 1 de marzo de 1915, N° 1264, p. 1, col 2.

administrativas y judiciales, hubiera malos empleados policiales. Vergüenza, aventuramos a decir, porque aquí, en esta capital, donde se suponen que existen, que viven, que habitan, los futuros dirigentes de mañana, la clase dirigente de la política y la sociabilidad pampeana.»[15]

El uso de esa representación de la «capital paradigmática» también aclaraba la conformación de los grupos que estaban gestando un discurso sobre ella, que se identificaban como *vecinos de la ciudad*, y que eran, en realidad, un conjunto de comerciantes, profesionales y funcionarios que se consideraban los genuinos habitantes de la ciudad.

Para estos «vecinos», no sólo interesaba la mejor y mayor mímesis con el paradigma sino que esta mímesis se evidenciara hasta el punto de ser advertida desde el «afuera», es decir que se reconociera cada vez más que Santa Rosa cumplía con los requisitos de toda capital y ciudad de jerarquía, reconocimiento que, hasta el momento, según ellos, no se había dado, ya que desde el «centro», seguían siendo considerados como una ciudad periférica.

«Conviene que nos preocupemos todos de poderla presentar [a la Sociedad Hípica] convenientemente a todo el territorio y a los visitantes de afuera que no han de faltar si se organizan las cosas como corresponde y si nos preocupamos todos de sostener y fomentar el prestigio correspondiente a una capital de un territorio de la importancia del nuestro.»[16]

La representación del espacio paradigmático fue acompañando también la transformación urbana santarroseña. Como se manifiesta en los avisos comerciales de los periódicos, en los siguientes veinte años se constituyeron gran cantidad de firmas locales que pasaron a ser mayoría en esta década con respecto a las de Buenos Aires y de otros lugares del Territorio.

También se detectan cambios significativos en la representación que se hizo de la ciudad paradigmática. Seguía atribuyéndose a

---

[15]   CAP, 14 de enero de 1912, Nº 2008, p. 2, col 2.
[16]   CAP, 11 de enero de 1912, Nº 2005, p. 1, col 7.

Buenos Aires la cualidad de la «exageración»; esta «exageración» se asociaba a un efectismo noticioso que se producía en la Capital Federal y que asociaba el Territorio de La Pampa y Santa Rosa con la pobreza y el aislamiento.

> «Lo que es Santa Isabel. No han de ser muchos los lectores que tengan una idea exacta de lo que es, en realidad, el pueblito de Santa Isabel. La dramaticidad con que los diarios metropolitanos pintaron esta lejana población de la Pampa, y sus pintorescas descripciones, la han rodeado de cierta fama fabulosa que a nosotros mismos nos llegó a sorprender como si se tratara de un hallazgo arqueológico. La población, cuyo número no excede de 300 habitantes, está integrada por criollos y extranjeros, más no por indios como afirmaba la fantasía exuberante de la Capital Federal.»[17]

Sin embargo, si bien se enfatizaba la perspectiva «exagerada» de Buenos Aires, no se consideraban exagerados los comentarios que, desde Santa Rosa, podían hacerse de otros núcleos urbanos del interior de La Pampa. Se generaba así un conjunto de mensajes destinados a destacar la hegemonía de Santa Rosa respecto de esas «poblaciones», y por extensión, su hegemonía respecto del interior todo. Se advierten, de esta manera, elementos ausentes en las décadas anteriores y que manifiestan el surgimiento de la percepción del dominio de Santa Rosa sobre un segmento de la red urbana.

> «Quince o diez y seis ranchos de construcción primitiva en la que se halla ausente hasta la chapa de zinc, sin delineación ni alarde de urbanismo, constituyen Santa Isabel. Existe un almacén, que es al mismo tiempo algo así como el vademécum comercial: tienda, estación de servicios, botica, fonda, etcétera.»[18]

Contemporáneamente a los cambios en la representación de la «ciudad paradigmática», comenzaron a aparecer nuevos elementos que significaron a la vez un cambio y una complejización de la representación del espacio físico urbano local. Comenzaron a

---

[17] ARE, 26 de agosto de 1933, Nº 6, p. 2, col 2-3.
[18] Ibíd.

ser frecuentes referencias específicas a las características edilicias que una ciudad hegemónica de la red, como Santa Rosa, al igual que Buenos Aires, debía tener. Releyendo los textos citados desde este nuevo enfoque puede verse que, en general, se ponía especial énfasis en:

- el cambio permanente de su edificación, cambio que en realidad significa novedad y que se impone a partir del desarrollo en el discurso del concepto de que existen construcciones propias y también impropias de una «ciudad capital», construcciones novedosas y construcciones primitivas.
- la innovación tecnológica en las construcciones, que debe manifestarse tanto en los materiales como en los servicios que ofrecen las construcciones a sus moradores.
- la especialización comercial y de servicios urbanos.

El espacio urbano cobraba otro significado cuando, junto a estos elementos, aparecían un conjunto de referencias destinadas a enfatizar la necesidad de una «modernización» como condición indispensable para el futuro de la ciudad, futuro que sólo podía alcanzarse mediante lo que se denominaba el progreso. Se trataba de la generación de una representación destinada a consolidar una presencia grupal, que «utilizaba» la ciudad, y particularmente a Buenos Aires, como referente.

En este planteo se distinguían la conformación de dos ciudades bien delimitadas, a las cuales se asociaban, según sea el caso, la «modernización» o el «retraso». Por un lado, la «ciudad capital», que se representaba como lo «moderno», el «cambio» profundo hacia el cual tendía Santa Rosa; por otro, el «pueblo», que se quería significar como el «pasado», el «atraso» y los intereses de quienes pretendían que la ciudad no se transformar ni se modernizara. La disyunción entre «progreso» o «atraso», se presentaba como la posibilidad cierta de transformar o no al «pueblo» en «ciudad capital». Por asociación con uno u otro espacio representado se inducía a una opción, a través de la oposición «progreso» o «atraso».

Ambas ciudades se diferenciaban a partir de algunas características que se explicitaban con el sólo fin de producir una opinión favorable por el «progreso».

En lo edilicio, la «ciudad capital» aparecía como un conjunto de edificaciones que representaban la «modernización» y la capacidad de «progreso» de la ciudad. Este conjunto estaba compuesto por aquellas edificaciones propiciadas por el Estado (edificios públicos) y por construcciones de particulares. Aunque se destacaban las realizaciones del Estado, se buscaba enfatizar la importancia de las edificaciones particulares, algunas de las cuales se identificaban con los nombres de sus propietarios y sus ubicaciones.

Las construcciones que constituían la «ciudad capital» se caracterizaban por su seguridad y su solidez, pero fundamentalmente por su «novedad» que les permitía mantener una actualización constante, característica que se hacía ver como propia de su pertenencia a la «capital». La «ciudad capital» se describía a partir de sustantivos imprecisos, estilo, estética, que se usaban no para definir un tipo de construcción sino con el objeto de crear en torno a la «ciudad capital» cualidades superlativas y propias de una ciudad en «movimiento» y «progreso». Es una ciudad donde se construye con un sentido de «belleza», sentido que, aunque no se definía con precisión, se asociaba a la novedad y al cambio.

> «La nota estética más destacada del año (Edificio del Sr. Martín de la Mata, 9 de julio y Avellaneda.) Edificios como este; estilo, confort y estética, son la característica del mismo. (Propiedad del Sr. Antonio Castillo, Rivadavia 122, p); comodidad para su dueño y belleza para la estética del barrio (Casa del Sr. Lucio Pérez, Valle 424).»[19]

Estas características permitían que Santa Rosa no sólo adquiriera la forma ideal que correspondía a una «ciudad capital», sino que servían para jerarquizar el Territorio y la ciudad frente a otras ciudades capitales y a otras provincias.

> «La ordenanza impositiva, sancionada en el año 1933, perfectible quizá, pero indispensable en Santa Rosa, tropezó con la incomprensión de muchos propietarios, que ignoraban que el sistema impositivo de aquella ordenanza es el mismo que rige en las muni-

---

[19] Ibíd.

cipalidades más importantes de la República. La Sucesión Gil que siempre ha sido impermeable a cuanta iniciativa ha surgido para dar a la ciudad el carácter de capital del territorio.»[20]

A lo edilicio de la «ciudad capital» se asociaba un determinado grupo de particulares que aparecían como responsables directos de esa fisonomía edilicia de Santa Rosa. El «pueblo» —otra vez— quedaba definido como el ejemplo del «atraso» y la antigüedad. Las construcciones que se asociaban a este tipo de representación espacial urbana contribuían en forma directa al mantenimiento de un aspecto que se hacía notar como indeseado, que se definía como de chatura, y que se presentaba como algo impropio de la condición de capital que era propia de Santa Rosa.

El «pueblo» se caracterizaba por calles de tierra y casas inseguras, no sólo para sus habitantes sino para el resto de los ciudadanos, a la vez que fomentaba una distribución desigual de la planta urbana, dado que impedía la ocupación total de los predios céntricos a la vez que daba cabida al mantenimiento de espacios baldíos.

«Factores que han conspirado en contra del progreso. Uno de ellos, el principal, es que casi todo el pueblo era de un sólo propietario y sigue siéndolo, a pesar de haberse desprendido de algunos metros de tierra y de algunos edificios ruinosos. Nos referimos —aunque todos los lectores lo han adivinado— a la Sucesión Gil. La actitud de esta latifundista ha motivado también la disminución de la población, la que, al no serle posible adquirir terrenos en los lugares céntricos, por la desmedida ambición de aquella, tuvo que edificar en las afueras, dando lugar a la formación de villas en los alrededores de una planta urbana llena de baldíos.»[21]

Todas las construcciones que podían encontrarse en el «pueblo» pertenecían a la antigüedad, al pasado que todavía se mantenía vigente en Santa Rosa e impedía su «progreso», a una época anterior que significó un momento negativo para la ciudad actual. Nada se rescataba de la Santa Rosa-«pueblo», que se describía con una

[20] ARE, 2 de enero de 1940, Nº 1920, p. 2, col 1-6.
[21] ARE, 2 de enero de 1940, Nº 1920, p. 2, col 1-6.

adjetivación abundante y precisa (adefesio, antigua, modestísima), mientras que la «ciudad capital» se caracterizaba con imprecisión. Esto parece ser una constante en el mundo urbano de las ciudades intermedias de Argentina. Lo mismo ha advertido James Scobie en la historia urbana de otros núcleos en la que el sentido de pueblo fue utilizado por las élites locales como bandera ideológica para operar un cambio (Scobie, 1988: 224).

La representación del espacio santarroseño en relación al mundo paradigmático se consideraba una cuestión vital para la adscripción y la identificación. Es así que los grupos quedaban identificados mediante los nombres de sus integrantes: se trataba de grupos reconocibles e identificables en la ciudad, que se mostraban como responsables directos de una u otra ciudad. Los responsables de la «ciudad capital», eran aquellos que contribuían con la construcción de obras particulares (Pedro Phagoupé, Martín de la Mata, Antonio Castillo, A. Corona Martínez, Pedro Boucartt, Lucio Pérez, Salvador de Boni).[22] Los responsables de la permanencia del pueblo eran la Sucesión Gil[23] y la Municipalidad.

La representación ideal de la capital paradigmática, Buenos Aires, estaba conformada fundamentalmente por características relacionadas con aspectos exteriores de la ciudad, aspectos edilicios, que eran vividos como permanentemente novedosos, originales. De aquí que la modernidad y el «progreso» se presentaran como una necesidad.

Si bien pueden descubrirse un conjunto de referencias que definían la constitución de la ciudad, en la realidad legal que comienza con su capitalización, puede también apreciarse cómo esa definición que se daba como consumada se hacía aparecer como insuficiente en la confrontación entre Santa Rosa y el paradigma. Santa Rosa era «ciudad capital» sólo en la realidad legal, pero, al igual que la «capital paradigmática», también debía serlo en la rea-

---

[22]   ARE, 2 de enero de 1940, No 1920, p. 2, col 1-6.

[23]   Para esta fecha ya ha muerto Tomás Mason y no queda representación local de la administración que los propietarios del loteo original, los Gil, habían derivado a Mason. Todas las propiedades del dueño original, el coronel Gil, dejan de asociarse a Mason para ser atribuidas a lo que, genéricamente, se llamaba la Sucesión Gil.

lidad física. La «ciudad capital» era definida como la posibilidad que Santa Rosa tenía de convertirse definitivamente en capital y dado que la «capital paradigmática» imponía la novedad constante, Santa Rosa también debía ser una ciudad en permanente renovación. Se hablaba de que Santa Rosa poco a poco se transforma en verdadera ciudad, o de dar a la ciudad el carácter de capital del territorio, o de que muchos propietarios ignoraban que el sistema impositivo de aquella ordenanza es el mismo que rige en las municipalidades más importantes de la República.[24]

La «modernización» se constituía así en una característica propia de la «ciudad capital» y en el límite preciso entre esta y el «pueblo». Santa Rosa es «ciudad capital» y «pueblo» a la vez. Si bien a una se la hacía representativa de un «progreso» futuro que ya había comenzado y a otra de un «atraso» que todavía no había pasado, ambas ciudades no aparecían en distintos planos, uno pasado y uno presente, o uno central y otro periférico, sino que se yuxtaponían en un sólo espacio, donde se enfrentaban, como lo hacían los grupos que a su vez ellas representaban, en una lucha por el control del espacio urbano. Se decía, justamente, «que pese a los elementos negativos que tiene, Santa Rosa poco a poco se transforma en verdadera ciudad.»[25]

El «progreso» entendido como lo novedoso obligaba a que la transformación apareciera como una novedad exterior pasajera, el «aspecto», y no como una transformación que permitiera el logro de objetivos perdurables; se consideraba lo importante de modificar la forma externa de las construcciones y no necesariamente se atendía al cambio de funciones en el mundo urbano. La función de capital se concebía solamente como adecuación a la imagen externa ideal de otra «capital paradigmática» sólo en lo que se refería a lo edilicio.

Por otro lado, el «progreso» era entendido como una transformación súbita, lo cual presupone la existencia del acuse, en la concepción general del espacio, del impacto en la comunidad de aquella rápida integración del área al resto de la economía nacional e internacional, una integración que aceleró los tiempos de la

---

[24]   ARE, 2 de enero de 1940, N° 1920, p. 2, col 1-6.
[25]   Ibíd.

formación de protonúcleos urbanos, de la constitución de sociedades urbanas y, en el caso de Santa Rosa, de la capitalización.

Es decir que puede advertirse que los grupos quedaban definidos según su ligazón a distintas representaciones de «ciudades» y enfrentados por su relación con el «progreso» de la ciudad, según se opusieran o fomentaran la conversión de lo que llamaban «pueblo» en «ciudad capital». Esta asociación, dado que no había manera de que Santa Rosa no fuera la «ciudad capital», como tampoco de que se sustrajera a las transformaciones que, de hecho, los ciudadanos estaban experimentando y produciendo, era perfeccionada con la instrumentación de un mensaje de la jerarquización de la ciudad, es decir, de la adopción de los requisitos para ser «ciudad capital» que se mimetizaban de la «capital paradigmática». Es decir, que a la vez que se mantenía una representación del espacio que en un tiempo consolidaba la opinión de algunos en torno a la capitalización y que todavía tenía una significación en estos tiempos —Santa Rosa, fue declarada capital del Territorio Nacional de La Pampa en 1900, lo que implicó el traslado de la capital desde General Acha—, también se acudía a nuevos recursos, por ejemplo la «modernización» edilicia como forma de la jerarquización de la ciudad según un ideal de capital —dar a la ciudad el carácter de capital del Territorio—.

También puede advertirse que esta representación que delimita lo que la ciudad era y debía ser, como aquella de la década del diez, seguía siendo gestada por un grupo específico de la ciudad, en este caso aquel circunscrito a aquellos vecinos capaces de acceder a la construcción y, obviamente, a la propiedad de su vivienda y a todos aquellos que se ligaban a ellos. Esto significaba la definición, por exclusión, de otros dos grupos: por un lado, de aquellos que no podían adquirir su vivienda propia, que tanto en el diez como en el treinta comprendía a la mayoría de los santarroseños. Por otro, de aquellos que si bien tenían las posibilidades económicas de hacerlo, se presentaban como un enemigo del grupo, ya que reunían a los propietarios, de la mayor parte de la ciudad, la Sucesión Gil.[26]

---

[26]   ARE, 2 de enero de 1940, Nº 1920, p. 2, col 1-6.

Hasta hace pocos años, en este mundo ideal complejo que fue creándose en Santa Rosa, Buenos Aires aparecía siendo también el paradigma para otra función nueva y propia de su creciente hegemonía espacial en el mundo marginal de la llanura, es decir aquella destinada al ocio.

Por ejemplo, sobre la fiestas, los periódicos santarroseños se lamentaban de no corresponderse con «aquello que una ciudad como Santa Rosa debe ofrecer al público, no debe concretarse a los vecinos de la ciudad solamente, sino con miras a interesar a pobladores lejanos que por la fiesta en sí y acuciados por las perspectivas de motivos que despierten el ánimo, deseos de expansión y curiosidad atraerlos a nosotros para que nos brinden su presencia en nuestras fiestas.»[27]

Buenos Aires era una ciudad que competía con Santa Rosa en esta función, («Cada vez que corre un tren de excursión a la Capital Federal, se escuchen por cien bocas, palabras de protestas y condenación para la empresa del ferrocarril que organiza el convoy»)[28] como, por otra parte, aparecía generalmente en otras funciones, pero a la vez como el modelo necesario para que la función se cumpliera «debidamente (Hacen correr los trenes especiales por gestiones que realizan en Buenos Aires comisiones especiales de los Amigos de la Ciudad, en su mayoría personas del comercio, que tiene bien echadas las cuentas de lo que para ellos significa la presencia en la Capital de cientos de miles de forasteros»).[29]

En esta representación no se hace referencia directa a los grupos de adherentes u oponentes a la organización de la ciudad según una «ciudad paradigmática», aunque sí se hacía constar que esta función de la ciudad recaía solamente en la responsabilidad de un grupo específico de la ciudad, los «comerciantes» (en su mayoría personas del comercio).

La organización de fiestas para la conmemoración de las fechas patrias tenía el objetivo estrictamente pragmático de consolidar la hegemonía de Santa Rosa incitando a un traslado de población externa para los festejos que podría dar lugar a una inmigración

---

27 CAP, 4 de mayo de 1939, N° 12882, p. 2, col 1.
28 Ibíd.
29 Ibíd.

definitiva (con miras a interesar a pobladores lejanos), según el ejemplo no sólo de la ciudad paradigmática sino de otras ciudades que se consideraban con funciones similares en la red urbana («Bahía Blanca, ha comprendido también que debe promover la afluencia de forasteros y comienza por aprovechar la circunstancia de la fecha patria y ha nombrado una numerosísima comisión de vecinos para que corran con la tarea de organizar las fiestas»).[30]

La consolidación en la ciudad de nuevas funciones propias de la hegemonía espacial, quedaba manifiesta en el discurso por la intensidad de la ruptura alcanzada entre una década y otra. En la década del diez la crónica del mismo diario (La Capital) sobre la misma circunstancia (Las fiestas patrias), la presentaba como un éxito de la comunidad tanto por su organización como por el resultado:

«Las fiestas patrias. Hermosas perspectivas. Las perspectivas que se hacen y el entusiasmo que reina en todo el pueblo de esta capital aseguran un éxito completo a las próximas fiestas patrias. La Capital se complace en felicitar al pueblo de Santa Rosa.»[31]

Esto mismo, hace poco más de treinta años, se negaba o se ignoraba.

«Insistir, una vez más, en la teoría que hemos sostenido muchas otras veces, y en oportunidades semejantes, referentes a la programación de las fiestas, que nunca la hemos hallado a la altura de aquello que una ciudad como Santa Rosa debe ofrecer al público.»[32]

Se concluye, entonces, que la definición de la ciudad paradigmática, Buenos Aires, en la representación que de ella se gestaba desde 1910 hasta 1940, se modificó y complejizó según la transformación que se creía percibir de la ciudad. Esto tiene su relación con lo que otros autores han detectado desde la óptica de Buenos

---

[30] Ibíd.
[31] CAP, 18 de mayo de 1912, Nº 2018, p. 2, col 2.
[32] CAP, 4 de mayo de 1939, Nº 12882, p. 2, col 1.

Aires. También Buenos Aires modificó y complejizó las representaciones que hizo de la pampa en función de determinar su propia identidad (Kristal, 1994).

Estos cambios en las percepciones sobre la propia ciudad, que acompañaban el proceso de liderazgo y jerarquización de Santa Rosa en relación a otras ciudades de la red urbana, fueron creando las condiciones para que a mediados de la década del treinta se estabilizara un discurso complejo donde Buenos Aires no sólo mantenía su condición de paradigma sino que, juntamente con su creciente jerarquización en la red, lo extendiera al mundo ideal, a las representaciones que lo edilicio de la ciudad significaban e, inclusive, se constituyera en una «ciudad paradigmática» para las manifestaciones de lo que era el ideal de las expresiones culturales, lo que podría llamarse como «un faro de la cultura».

Sin embargo, la representación de ese espacio paradigmático hacía referencia a una percepción ambivalente de la relación entre Santa Rosa y su modelo. Por un lado se entendía la necesidad de establecer una relación mimética: Buenos Aires era lo que Santa Rosa debía ser, es decir, una «ciudad capital». Ser «ciudad capital» significaba que, así como Buenos Aires era la capital de un país y de un interior, Santa Rosa debía ser la capital de su interior. Pero, de la misma manera, también se establecía una relación de rechazo, dada por la competencia de las ciudades en la red, que hacía que la «ciudad paradigmática» se percibiera como un obstáculo para Santa Rosa: «mientras Buenos Aires sea como es, Santa Rosa no podrá ser lo que debe ser».

La relación entre Santa Rosa y Buenos Aires, considerada en los términos ambivalentes de mímesis y rechazo, se constituía en un elemento ordenador del espacio comparativo, que sintetizaba las aspiraciones de un grupo monopolizador del discurso urbano que mantenía, en forma dinámica, la vigencia de una exhortación que enfatizaba un cambio. «Buenos Aires debía servir para dejar de ser lo que somos.» Puede decirse que este grupo, impreciso en su conformación, aglutinaba a aquellos que seguían enfrentándose a las tradicionales fuerzas nucleadas alrededor de la Sucesión Gil, es decir, de los primeros propietarios y fundadores de Santa Rosa, pero también a nuevas y recientes generaciones de vecinos frente a generaciones menos recientes. Recuérdese que el aluvión inmigratorio y el vertiginoso crecimiento poblacional de Santa Rosa significan su permanente renovación y recambio sociogrupal.

Esta ambivalencia parece justificarse también en las escasísimas obras editadas en Buenos Aires en los últimos años del período trabajado, aquí que comenzaron a hacer referencias a Santa Rosa. Por ejemplo, la primera obra sistemática sobre el mundo urbano argentino editada en 1945 incluía a Santa Rosa, en tanto capital como ciudad, pero la sumaba a lo que se denominaba *centros gregarios cuya importancia urbana demanda una estricta numeración (orden)*. En ese orden de importancia, Santa Rosa se incluye en el antepenúltimo lugar (Razori, 1945: 497).

Por otra parte, puede verse que esta exhortación, con su énfasis en el cambio, permitía no sólo armonizar la ambivalencia entre mímesis y rechazo sino que daba pie a la utilización de elementos contrapuestos que significaban tanto desplazar a Buenos Aires en algunas funciones que se consideraba que Santa Rosa debía cumplir (el festejo mayo) —es decir, enfatizar la competencia de ambas ciudades— como remarcar la convivencia de las ciudades al aceptar funciones propias de Buenos Aires (faro de la cultura).

De esta manera puede afirmarse que en Santa Rosa, mímesis y rechazo, competencia y convivencia, elementos aparentemente contrapuestos, conformaban la representación de la ciudad paradigmática que se integraba, en una dimensión mayor, en otra representación del espacio, la ruptura con el pasado, una representación recurrente en la historia urbana santarroseña. El mundo local, así, quedaba vinculado al extralocal, pero más allá de lo puramente económico y geopolítico, como si se dijera: «sólo identificando al otro y distinguiéndonos de lo que el es, podemos no volver a ser lo que fuimos, afirmarnos en lo que somos y decidir lo que queremos ser.»

La comparación de Buenos Aires con Santa Rosa tenía, como se puede ver, la característica distintiva que hacía de Buenos Aires un centro jerarquizado y relevante en todos los aspectos a la vez que destacaba las características opuestas en Santa Rosa. Con la proliferación y fluidez creciente en los intercambios y la circulación de información, esta característica comenzó, además, a difundirse por la red de la llanura.

El impacto que tuvo a uno y otro lado es difícil de evaluar. Es muy difícil pensar que haya sido de importancia en Buenos Aires; basta con ver la ubicación periférica que las noticias locales tenían en los periódicos de las ciudades con las cuales Santa Rosa estaba o se decía estar vinculada. Sin embargo, como se ha visto, grupos informales de la ciudad «creían» que esta era conocida en el resto de la red, que cualquier cosa que se *dijera* de ella podría significar un cambio en lo que ella *era* para la red y, especialmente, para Buenos Aires.

Aunque lejos de esta idea generalizada, a partir de la década del veinte, los textos y noticias referidos a Santa Rosa en otras ciudades se fueron multiplicando. Para 1926 se publicó la primera obra teatral ambientada en Santa Rosa (en la obra, con el nombre de «Salto Grande») que poco después se estrenaría en teatros de Buenos Aires (Pico, 1968 [1928a]), mientras que en 1946 se publicó el primer tratado local referido a la historia y a las posibilidades de La Pampa, en el cual Santa Rosa ocupaba un lugar preponderante (Stieben, 1946). Se sabe que el teatro tenía circuitos propios que permitía la circulación de muchas obras por todo el país y que era una figura importante en el paradigma cultural de la inmigración.

Diferentes aspectos de la jerarquización y la desjerarquización se reflejaron en las representaciones que sobre Buenos Aires y Santa Rosa se hicieron en aquellas primeras obras. Un conjunto extenso de referencias, por ejemplo, hacían que Buenos Aires se reconociera como una ciudad que había alcanzado una perdurabilidad y una estabilidad que la habían convertido en el destino fijo de los desplazamientos de la población.[33] Santa Rosa era una ciudad, en cambio, inestable, oscilante, poco perdurable, y, para algunos, de carácter provisorio, nunca un destino fijo. En la obra teatral aludida, se decía, por ejemplo:

---

[33] En la obra teatral se aludía «A Buenos Aires, donde se radicará definitivamente, la señora Dolores Oliden de Rovira, esposa de nuestro convecino el doctor Rovira.» Pico, op. cit, 90. En otras circunstancias, los manuales escolares hablaban de lo mismo al referirse a que «el ferrocarril directo desde Buenos Aires a Santa Rosa coloca a esta en situación ventajosa.» Stieben, op. cit, 94.

De la Rúa: Yo no me he hecho ropa desde que vine de Buenos Aires.

Camarero: Y ya ha llovido.

De la Rúa: Ni me pienso hacer hasta que vuelva. ¡Para quien es mi padre, bastante es mi madre![34]

Buenos Aires se representaba como una ciudad que significaba la plenitud, donde, y sólo donde, podía consumarse la felicidad y la libertad. Fuera de aquí, y por extensión en Santa Rosa, se vivía en aislamiento y soledad. El personaje central de la obra teatral a la que se hace referencia se lamentaba:

«Yo había llegado el día anterior. No conocía a nadie, estaba triste, pensando en todo lo que había abandonado en Buenos Aires: mi casa, mis amigos... ¡Todo! Me senté en un rincón, y empezaba ya a aburrirme del espectáculo...»[35]

Todas estas comparaciones entre las ciudades terminaban por conformar dos imágenes diferentes y contrapuestas. La imagen de una Buenos Aires que significaba el ámbito propio, el verdadero ámbito al cual se pertenecía o se podía pertenecer, que llegaba a constituir un ideal similar al de una «patria». Por otro lado surgía la imagen de una Santa Rosa que tenía características propias de la vida en un país extranjero: el desarraigo, la inestabilidad de los lugares a los cuales no se pertenece ni se pertenecerá.

De esta contraposición entre la «patria» y el «extranjero» surgía la representación de una u otra ciudad. Vivir en Buenos Aires era retornar al lugar propio, acceder a la libertad y dejar aquellos lugares que no eran los propios, no eran la «patria» y, por lo tanto, donde nunca se llegaría a pertenecer ni a formar parte. El autor dedicaba su obra a:

«María Elena, que compartió conmigo el voluntario destierro en Salto Grande y, para exceso de generosidad, me dio allí tres pampeanos.»

---

[34] Pico, op. cit, 64 y 102.
[35] Pico, op. cit, 65.

y hacía decir a uno de sus personajes:

De la Rúa: La señora se fuga mañana a Buenos Aires. No hay
componenda posible. ¿Qué le parece la noticia para la Vida social
de L'Epoca?[36]

En una ciudad de inmigrantes o hijos de inmigrantes de primera
generación como Santa Rosa en los años veinte, años en los cuales,
además, la ciudad experimentaba cambios profundos, (duplica su
población entre 1920 y 1940 como consecuencia de la concentración demográfica al mismo tiempo que se integra a una nueva
red de circulación, la apertura de rutas del transporte automotor,
junto a las principales ciudades del país) las referencias que indi-
caban la existencia de una percepción de pertenencia e identidad
con la ciudad no existían en la representación del espacio urbano.
«Vivir en Santa Rosa» tenía el significado de estar, no en otra ciudad, sino de estar desterrado de la propia, lo que, por otra parte,
no dejaba de ser cierto. Para el migrante reciente, ninguna ciudad
es la «suya» en sentido estricto, salvo la que dejó.

Aquí convendría hacer una aclaración. ¿Qué origen social tienen
las representaciones del espacio que se han descrito aquí? Se ha
hablado de grupos, de élite, de inmigración, de dueños de la tierra.
En mi opinión, así como no puede hablarse de distintos géneros
literarios en correspondencia con distintos orígenes de los textos,
tampoco puede hacerse una distinción social estricta que divida
representaciones de la ciudad. Recuérdese que Santa Rosa, durante
el período que se trata aquí, tiene, a lo sumo, 50 años de «fundada»,
sobre la base de una población exclusivamente migrante. Todos,
desde los primeros pobladores hasta los recién llegados a la ciudad,
eran inmigrantes o hijos de inmigrantes, incluso los que formaron
parte de los «grupos» que se han mencionado en este trabajo. De
hecho, la palabra «inmigrante» no tiene necesariamente una connotación de inferioridad social como, generalmente, la tiene en
Europa. Recuérdese que, consuetudinariamente, la misma élite de
Buenos Aires ha emigrado e inmigrado de manera rutinaria en la
historia del Río de la Plata, incluso como forma de jerarquización.

---

[36]   Pico, op. cit, 61 y 90.

Volviendo a la representación de Buenos Aires en estos textos literarios, debe advertirse que, sin embargo, lo más significativo de esta representación no era tanto la construcción de la ciudad a la cual los autores o bien no pertenecían o bien pertenecían desde hacía muy poco tiempo, sino el hecho de que reconocían como paradigma a la ciudad de Buenos Aires, con la cual mantenían una relación de la misma naturaleza que con Santa Rosa, pero a la inversa.

De hecho, Buenos Aires se trataba de una ciudad a la que tampoco pertenecían, ya que o bien habían emigrado de ella o bien nunca habían pertenecido. Sin embargo, «ir» a Buenos Aires tenía no sólo el significado de fugarse de una Santa Rosa que sometía a una especie destierro, una condena, sino el acceder a un ámbito de máxima libertad y satisfacción. En la obra de Pico se decía:

> Don Nemesio: Tú ya tienes el riñón forrado. Cierra el boliche y ¡a Buenos Aires, a disfrutar tu platita![37]

Buenos Aires se constituía así en un ámbito superlativo debido a características sociales, no materiales. Santa Rosa, aunque no se mencionaba explícitamente en la comparación, se presentaba como incapaz de poder reproducir las mismas características.

Estas características sociales se relacionaban con el trato distintivo entre las personas, con la vida anónima y con las posibilidades de superación social. Si uno lee los textos entre líneas, deduce que pasaban por aspiraciones de tipo no socioeconómico, que aparentemente sí se podían satisfacer en Santa Rosa, sino más que nada de prestigio social y cultural. Buenos Aires, para un migrante extranjero, era desde Santa Rosa una

> «¡Linda tierra aquella tierra mía, che gaita![38] Allí nadie sabe que tu balanza se come un cuarto en cada kilo; le darán a tu vieja su correspondiente doña, y tus hijas, que no son feas ni mucho menos, acaso pesquen algún gringo con título. La signora condesa di San

---

[37] Pico, op. cit, 74.
[38] «gaita» por gallego, nombre genérico dado en Buenos Aires a los inmigrantes españoles.

Hugo Gaggiotti

Genaro, ¿eh? Cuando eso suceda, yo estaré ya bichoco. Pero lo co-
mentaré con algún vecino antiguo, mostrándole la crónica social
de La Nación.[39] Esta condesa es Maruja... Sí, hombre, Maruja, la
hija del gallego Felipe, aquel tiburón que supo tener boliche en la
esquina de la plaza! Lo que es el mundo ¿no? Y te despellejaremos
de lo lindo mientras tomamos el solcito mañanero.»[40]

Estas características que hacían de Buenos Aires un ámbito más
jerarquizado que Santa Rosa, no se utilizaban para enfatizar la
competencia entre las ciudades. Por ejemplo, a Buenos Aires se la
hacía aparecer como un ámbito de mujeres bellas, que debían su
éxito a las relaciones que podían obtener en la ciudad al poder relacionarse con hombres del poder político. La ciudad jerarquizaba
y embellecía a las mujeres, pero no por esto surgía una disputa
femenina que significara una disputa entre las ciudades, sino que,
aceptando las diferencias, se introducían referencias desvaloriza-
doras que procuraban representar Buenos Aires como una ciudad
«mentirosa» (del tipo «En Buenos Aires se dice lo que no es») y
«falseadora de la realidad» (del tipo «En Buenos Aires se dice que
es bello, pero no lo es»), aunque se la hacía aparecer permanentemente ligada al engaño amoroso que los hombres procuraban a las
mujeres de Santa Rosa con mujeres de Buenos Aires.

«Matilde: ¿Pero tu no sabías que tiene novia en Buenos Aires? ¿No?
¿De veras? Eso se murmura. Una prima de Enriqueta Noya, aquella que veraneó aquí el año pasado, la conoce. Dice que es alta,
morena, muy bonita, muy elegante, sobrina de un ministro, sena-
dor o algo así. Pero no hagas caso. A lo mejor es un mono como el
que se trajo Benítez de San Luis. También la pintaban como a una
divinidad, y ahí la tienes. Ahora la utilizan los vecinos para curarse
el hipo. De cualquier manera no será como tú.»[41]

o, por ejemplo, cuando se afirma:

---

[39]   La Nación era, para ese entonces uno de los principales diarios de Buenos
Aires.
[40]   Pico, op. cit, 74.
[41]   Pico, op. cit, 90.

«Me dijo anoche que el novio de la niña se iba hoy a Buenos Aires
para casarse con otra.»[42]

En los años veinte, según se manifestó en el análisis de los fragmentos de la obra teatral de Pedro Pico, se trataba de hacer una
representación comparativa donde las diferencias entre las ciudades no sólo se aceptaban sino que nunca se cuestionaban. Buenos
Aires tenía mayor jerarquía que Santa Rosa, y esto se manifestaba
como algo natural.

A modo de comprobación se advierte que, aunque la obra de
Pico tenía la intencionalidad de la denuncia social y por lo tanto
cada personaje pretendía representar un grupo social y una ideología y, por lo tanto presentaba a los personajes muy estereoti-
pados y muy diferentes entre sí, Buenos Aires y Santa Rosa no
admitían distintas construcciones socioespaciales: se trata de una
sola construcción adoptada por todos los personajes.

Es interesante advertir que en textos posteriores que se han referido a la obra de Pedro Pico y a Santa Rosa, su obra fue elogiada
e incorporada como literatura de la propia ciudad sin manifestar
ningún cuestionamiento a su mensaje fuertemente jerarquizador
de Buenos Aires y desjerarquizador de Santa Rosa.[43] Prevaleció, en
cambio, la aspiración oculta en la representación más difundida
en la historia urbana de Santa Rosa, por la cual la sola presencia
de la lejana ciudad en los teatros de Buenos Aires se constituía, de
por sí, en una confirmación de la «importancia» que había conseguido, por fin, obtener en la red de la llanura rioplatense.

---

[42]   Pico, op. cit, 100.
[43]   En 1989 con motivo de la celebración de un nuevo aniversario de la fundación de la ciudad apareció un artículo periodístico titulado «50 años de letras
santarroseñas», referido al tema.

13.

Conclusión: palabras, prácticas culturales y usos del espacio

Santa Rosa se ajusta bien a los patrones urbanos del resto de las ciudades de la llanura rioplatense y ningún recién llegado a ella que provenga de otra ciudad necesita un entrenamiento especial para saber cómo caminar, cómo leer el periódico, cómo utilizar los bares, trabajar, o intervenir en la mayoría de las prácticas sociales urbanas. La representación que se hace de Santa Rosa parte o bien de una noción básica y común de la vida urbana de toda la llanura y de la Argentina, un mundo cultural que se le hace conocido, que le permite «pensar» la ciudad y «decir» y «decirse» sobre su relación con ella —ese *habitat of meaning* del que hablan algunos autores (Hannerz, 1996: 22)—, o bien de mecanismos lo suficientemente poderosos para comprender y realizarse en ese mundo.

Un aspecto teórico que se deriva de este trabajo es el relacionado con toda una forma distinta de entender el fenómeno cultural de la ciudad. ¿A qué me he referido cuando he mencionado en este trabajo la *cultura urbana* que un santarroseño manifiesta en su relación con Santa Rosa?

Permítaseme hacer algunas consideraciones, especialmente aquellas que, a mi juicio, tienen relación con el trabajo históri-co. Como acotara E.P. Thompson, «el mismo término «cultura» con su agradable invocación de consenso, puede servir para distraer la atención de las contradicciones sociales y culturales, de las fracturas y oposiciones dentro del conjunto.» (Thompson, 1995 [1991]: 19). Sin embargo, esto tiene que ver no tanto con una intención particular de los investigadores —que es omnipresente en Thompson— sino con una ideología científica específica y con la forma con que los investigadores han considerado la cultura en su propia tradición disciplinar, es decir, con una ideología científica de la cultura. Y es que «cultura», como otros de los muchos términos técnicos utilizados por los investigadores sociales, no es ni ha sido un término unívoco.

La utilización indiscriminada del término «cultura» sin una clarificación o explicitación previa, generalmente ha traído el efecto contrario al de los objetivos iniciales del trabajo histórico y, sin duda, también despertará recelos entre los lectores de este trabajo. Comparto también con Thompson el hecho de que la diversidad cultural se ha hecho opaca tanto por los defensores de «una» cultura popular, como por aquellos con una visión demasiado consensual de esta cultura como «sistema de significados, actitudes y valores compartidos, y las formas simbólicas (representaciones, artefactos) en las cuales cobran cuerpo.» (Thompson, *op. cit.*)

A pesar de todo esto, creo que los trabajos actuales de algunos historiadores culturales (Guinzburg, 1981; Levi, 1990 [1985].) demuestran que, haciendo un conjunto de salvedades, acotaciones y aclaraciones previas, puede hablarse, a veces, de una determinada «base» cultural, un punto de partida de comportamientos sociales desde los cuales pudieron y pueden ejercitarse distintas prácticas. Estos historiadores parten de una premisa común que parece salvar los acertados temores de Thompson: la de considerar que sólo es posible referirse a la cultura teniendo en cuenta su relación con las manifestaciones sociales cuya explicación se pretende dar.

Este novedoso precepto histórico, esbozado muy superficialmente con anterioridad por Max Weber, quedó formulado con claridad desde la antropología postestructuralista. Clifford Geertz, con respecto a la trama social, consideraba que «la cultura es esa urdimbre y que el análisis de la cultura ha de ser por lo tanto, no una ciencia experimental en busca de leyes, sino una ciencia interpretativa en busca de significaciones. Lo que busco es la explicación, interpretando expresiones sociales que son enigmáticas en su superficie» (Geertz, 1992 [1973]: 20).

Tomada de la antropología, la visión de la cultura que los historiadores pusieron en práctica se entroncó con la perspectiva de los historiadores sociales más que con aquellos vinculados a las mentalidades y a la economía, produciendo lo que E.P. Thompson describía, no sin cierta crítica, como una «inflexión antropológica» (Thompson, *op. cit.*: 19). Lejos de poner énfasis en las posibilidades interpretativas del concepto aplicadas a un proceso sociohistórico, la «cultura», se propagó en cambio, básicamente como una nueva categoría analítica de la que derivaron algunos conceptos que fueron absorbidos y utilizados por los historiadores, quizás con demasiada rapidez. Como el mismo Thompson reconoció para el caso de la Inglaterra del setecientos:

> «En el siglo XVIII la costumbre era la retórica de legitimación para casi cualquier uso, práctica o derecho exigido. De ahí que el uso no codificado —e incluso codificado— estuviera en constante flujo. Lejos de tener la permanencia fija que sugiere la palabra 'tradición', la costumbre era un campo de cambio y de contienda, una palestra en la que intereses opuestos hacían reclamaciones contrarias. Esta es una de las razones por las cuales hay que tener cuidado sobre las generalizaciones al hablar de 'cultura popular'» (Thompson, Ibíd).

Thompson, en lugar de propugnar una búsqueda por parte de los historiadores de una nueva visión de la cultura en los postulados originales de Geertz, por ejemplo como un concepto semiótico (Geertz, *op. cit.*: 20), buscó generar, a través de otro concepto que no se pudiera pensar como tomado de otra disciplina (habló de «costumbre»), un nuevo enfoque para la relación entre prácticas colectivas y diferencias sociales. Y aunque reiteradamente esbozó para la «costumbre» una fuerte dependencia comunicativa, ese «fondo de recursos diversos, en el cual el tráfico tiene lugar entre lo escrito y lo oral, lo superior y lo subordinado, el pueblo y la metrópoli.» (Thompson, *op. cit.*: 20), nunca pasó a ser para él el plano discursivo particularmente asociado al estudio de las prácticas.

Si uno vincula la cuestión de la cultura a la de las prácticas en el mundo urbano pero sin dejar de tomar en cuenta el plano del lenguaje, la asociación puede ser compleja y no sólo involucrar a antropólogos, historiadores, sociólogos, semiólogos y semióticos, sino también establecer relaciones entre los debates. Esto está sucediendo en la actualidad. Existen autores que han destacado la competencia que los campos discursivos pueden tener en el momento de estudiar las prácticas y que señalan igualmente cómo desde el plano de la lengua es posible afrontar la variabilidad sociocultural que la historia pretende determinar.

> «En toda sociedad —dice J. Duncan— existen campos discursivos alrededor de la ley, la ciencia o la política; estos contienen un rango de discursos competitivos constituidos por un conjunto de narrativas, conceptos e ideologías relevantes para un particular dominio de práctica social. Algunos de estos discursos pueden ser hegemónicos, en tanto refuerzan una estructura de poder existente, mientras otros son, a lo sumo, potencialmente contestatarios. Algunas veces puede haber un relativamente estable orden discursivo en el cual los discursos competitivos coexisten, mientras otras veces entran en abierto conflicto. Los discursos tienen una naturaleza dual en la cual definen simultáneamente el entorno social de inteligibilidad en el cual las prácticas son comunicadas y negociadas, mientras sirven como fuentes para ser usadas en la búsqueda del poder político. La representación del poder es culturalmente variable. Es articulada a través de símbolos diferentes dentro de diferentes formaciones sociales.» (Duncan, 1993: 233)

Justamente, al interior de esa organización social que se ha estudiado en este trabajo —la ciudad de Santa Rosa y la sociedad de la llanura del Río de la Plata conocida como «pampa» y su puerto de Buenos Aires—, las prácticas se consensuaron siempre alrededor de un ámbito definido con una palabra, *ciudad*. Sobre la «ciudad» existió un consenso estable por el cual no se entabló ninguna lucha discursiva, y la variabilidad cultural, generalmente válida para otras representaciones del poder, fue unificada cuando los distintos grupos informales pensaban en la capacidad de transformación que las ciudades podían —y debían— tener en la llanura. Parece difícil, si no casi prácticamente imposible, que un santarroseño reconozca otra forma de organización para la llanura que no sea la urbana.

Repitiendo este mismo esquema, los historiadores que se han referido a la llanura rioplatense no han considerado nunca la posibilidad de que la «pampa» y las «ciudades» sean otra cosa que espacios físicos. A pesar de que son muy pocos los científicos que en la actualidad sostienen la idea de que la realidad es idéntica a su representación —hoy en día sólo una pequeña parte del mundo científico ha permanecido fiel a la idea de la objetividad ocular, incluso aquel circunscrito al estudio de las artes visuales (Stock, 1993: 314-315)— pocos consideran que *ciudad* y *pampa* hayan sido «ideas» para «conquistar» la llanura. Muchos de los historiadores y geógrafos que se han ocupado del caso rioplatense no han podido ir más allá de la concepción generalizada y establecida en el Renacimiento, —en contra de la idea previa del espacio que circulara en el medioevo, aquella de espacio «vacío»— por la cual el espacio comenzó a ser concebido como algo mensurable, «medible, matematizable y susceptible de comprensión racional, de dominio y de organización.» (Reguera Rodríguez, 1993: 57)

Como se ha tratado de mostrar en este trabajo, es difícil imaginar que la compleja sociedad rioplatense —españoles, nativos, multiplicidad de inmigraciones de distinto origen, en un borde imperial y en un confín del sistema capitalista global— no haya organizado distintas formas de representar el espacio de la llanura. El hecho de que, como se ha dicho hace poco, el paisaje pueda «permitir al observador vivir en dos mundos a la vez, aquel del lector privado y aquel del lector público.» (Stock, *op. cit.*, 321), no da una justificación para que los historiadores sigan creyendo y legitimen una y sólo una «pampa» para todo la historia del Río de la Plata, independientemente de las circunstancias y prácticas socioculturales de las sociedades urbanas que, como la santarroseña, se constituyeron en la misma llanura. Al decir de Brian Stock,

«el instinto de implantar significado en localizaciones puede ser universal. Pero gran cantidad de casos que pueden brindarse aquí podrían también ilustrar que textos y paisajes producen similares pero no idénticas clases de comunidades. En el caso del texto, todo lo que se necesita es la escritura, alguien que la interprete y una audiencia. En el momento en que los escuchas (o lectores) perciben una visión común de lo que les ha sido dicho, y se encuentran preparados para actuar sobre ello, pasan a formar una 'comunidad textual'. Los actos de habla pasan entonces a ser actos reales: una estructura de discurso comienza a dar vida a sus propias posibilidades narrativas» (Ibíd.).

La *pampa*, esa representación que se hicieron las élites del puerto de Buenos Aires de «su» llanura en el siglo XIX, parece ser, como ha sugerido Halperín (Halperín Donghi, 1980b) «uno de esos conceptos polisémicos, que por sí sólo, sin precisiones cualificativas, se vacía a causa de su generalidad.» (García, 1976: 25) La determinación de ese espacio y su transformación en «territorio» constituyó una parte básica del proyecto que el puerto estableció, un proyecto que no sólo se hizo posible en la construcción de un territorio económico. Para la constitución de ese definitivo «territorio pampeano», debía gestarse una organización cultural interdependiente de ese espacio, porque todo territorio es, en realidad, «un espacio con unas características determinadas, que de manera general podríamos denominar sociales y culturales. De otra manera: el territorio es un espacio socializado y culturalizado» (Ibíd.).

La base de la organización cultural de la «pampa», como se ha sostenido en este trabajo, fue y sigue siendo urbana. Fue, en realidad, una «cultura urbana rioplatense», que se constituyó durante la historia de la llanura y reforzó el esquema que se proyectaba desde Buenos Aires, haciendo que se establecieran sociedades semi-independientes de aquellos que controlaban los ámbitos de decisión o administración de la llanura, inclusive de los de Buenos Aires. Esta organización cultural sirvió para crear pautas urbanas de comportamiento en la llanura, aquellas que organizaron la identidad, la relación y «respeto» al poder, el marco ideológico por el cual el «consenso» era impuesto, y fueron aceptadas en la cotidianeidad más independiente y privada de las costumbres «pampeanas», como la de los santarroseños.

13.1. Espacio

¿Es, sin embargo, independiente la representación que un santarroseño se hace de Santa Rosa de su más simple materialidad? ¿Hasta qué punto la ciudad son sólo calles, plazas y los frentes de los edificios por los que pasa a diario en su recorrido hacia el trabajo?

El espacio, como el tiempo, es un continuo. Sólo la necesidad de entender ese continuo, otorga significación a los referentes espaciales, que no son necesariamente aquellos que poseen una cualidad relevante previa. Se sabe que los niños otorgan significación como búsqueda de referenciación (Piaget, 1985b) y también que, a veces, son los elementos destinados a otro fin (por ejemplo, el culto) los que, muchas veces, se constituyen en demarcadores espaciales. El espacio «se hace» continuo, en esa búsqueda por el desarrollo de códigos de referencia necesarios para la comprensión.

¿Cuáles son las ideas que se derivan de este trabajo acerca de la referenciación y adscripción espacial y qué relación podrán tener con aquellas otras que, generalmente, se han utilizado para explicar la representación?

Para algunos autores, la representación del espacio en el arte, por ejemplo, no ha sufrido importantes cambios en Occidente. Hace poco se afirmaba que

«hay pues unas representaciones ilusionistas, virtuales y múltiples del espacio, que son propias de la antigüedad griega y romana, y que culminan en el llamado cuarto estilo 'escenográfico' de Pompeya (desconociendo como desconocemos el alcance real al que llegaron los pintores de Grecia y del Helenismo, pues de sus pinturas apenas conservamos la resonancia a través de descripciones literarias) y hay por otra parte la que después del largo intervalo medieval, surge en la Italia renacentista, objetiva y unificada, de la mano de un puñado de artistas, arquitectos y matemáticos, que con el nombre de perspectiva focal o científica, marcará todo el futuro de la representación e incluso de la filosofía de Occidente hasta nuestros días (Celis Gutiérrez, 1988: 59-60).

Algunos autores sostienen que para Aristóteles era claro que «todo el mundo, en efecto, cree que los seres que existen están en algún lugar (espacio), pues el no-ser no está en ninguna parte» ya que «todos los movimientos tienen relación al lugar (espacio).» (Aristóteles, 1973: 19) Siguiendo este razonamiento clasificatorio aristotélico, generalmente se ha considerado que es posible hablar de espacios virtuales cuando en determinada obra se «representa» el espacio; del mismo modo, podríamos hablar de espacios no virtuales cuando, en vez de representarlos, los espacios se utilizan (de manera física). Por consiguiente, la pintura, la escritura, la fotografía, en fin, todo soporte técnico que se vale de un lenguaje que utiliza el espacio de manera no física ejemplifica el primer caso, mientras que la arquitectura, por ejemplo, ejemplifica el segundo.

Esta concepción, sin embargo, parte de definir el espacio desde el supuesto de una perspectiva del artista o arquitecto, diferente de la de un espectador o de un lector, y presupone, también, una acción activa de los primeros en contraposición a una acción pasiva de los segundos. Desde el ángulo de una semiología más reciente, lo cierto es que muchas veces los espectadores o lectores son, o forman parte de, la otra perspectiva de los artistas o arquitectos, además de ser ellos mismos representadores o utilizadores del espacio.

Es así que, desde un punto de vista sociológico, aquellos que representan o utilizan el espacio forman parte de un *grupo informal* —sociocultural, socioeconómico, sociopolítico— dominante, independientemente de en qué lugar se ubican con respecto al espacio que representan o utilizan. La separación por ubicación se hace, pues, difusa (Chartier, 1992).

De la misma manera, deja de ser clara la división entre representación y utilización del espacio, puesto que toda representación implica o puede implicar una utilización del espacio, y la «materialidad» de esa utilización no puede ser medida solamente desde la perspectiva de lo físico. Una utilización política, por ejemplo, del espacio, puede partir solamente de la representación que se haga desde una perspectiva estrictamente ideológica; una representación sociocultural del espacio, puede estar basada exclusivamente en espacios virtuales o reales, a su vez construidos, preconstruidos o utilizados.

De hecho, la construcción del espacio no sólo se entiende como una realización física sino que es también la materialización de un proyecto. Podría pensarse, incluso, que el que exista materialización se debe a una conceptualización previa. Pero, si se toma sólo esta definición, quedará excluida la posible construcción sin proyecto.

Para Occidente, generalmente se acepta la existencia de «una» arquitectura y, por lo tanto, de sólo «una» construcción significativa del espacio. Sin embargo, debería pensarse que, si existen varias lógicas posibles para establecer la espacialidad, distintas formas de ver el espacio, que no dependen de diferentes estadios de una técnica, deberán existir también, por lo tanto, diferentes arquitecturas, por ejemplo, y distintas formas de construir y significar el espacio. El que existan chozas redondas como chozas familiares no significará obligatoriamente que los indígenas no «sepan» hacer chozas cuadradas, sino que las cuadradas puedan ser las que se construyan para otra función social, por ejemplo, la que corresponda a hombres solos en lugar de hombres con mujer. En nuestra cultura, por ejemplo, la iglesia se diferencia de la casa, no por nuestras dificultades o diferencias técnicas para la construcción de iglesias, sino porque cuando decidimos construir para vivir, construimos casas y, cuando lo hacemos para adorar, construimos iglesias; «es la civilización, es la cultura en su acepción más amplia la que otorga las nociones básicas de espacio. No es el mismo sujeto, no porta los mismos valores espaciales el individuo de tradición occidental que el oriental; tampoco interpreta el mundo de la misma manera un artista de la tribu 'Dogón' que un esquimal o un aborigen australiano» (Celis Gutiérrez, *op. cit.*).

De esta manera, en la materialización del espacio, ponemos en práctica algo más que aspectos materiales o físicos. Toda obra espacial implica un discurso, una ideología. Una idea de Dios, produce determinados edificios, catedrales, templos, mezquitas o sinagogas; una idea de ciudad organizará calles, avenidas y fachadas, muchas veces a partir de una antropomorfización, una idealización futura o una paradigmatización. El espacio, por tanto, no es un patrimonio de aquellos que lo construyen, sino de aquellos que producen un discurso que lo involucra, lo normatiza, lo establece, lo delimita, lo pauta y de las prácticas que lo modifican. El espacio deja de ser sólo conceptualización y materialización para pasar a ser un discurso. Se llega así a una primera noción de espacio culturalizado, el territorio. De hecho, parte de este trabajo ha tratado de mostrar ese paso, la territorialización de un espacio, pero no a partir de una definición precisa, como generalmente ha solido tomarse desde la geografía del territorio (Sack, 1986), sino desde algo más elemental, es decir, desde cómo el lenguaje usado en una ciudad es capaz de realizarlo.

Todo territorio implica una asociación, voluntaria o no, que se circunscribe a un espacio que se considera propio. Las ciencias naturales consideran al territorio desde el punto de vista animal, como «territorio animal», es decir aquel comportamiento de demarcación de un ámbito exclusivo, que se busca como propio. Es en «su» territorio donde los animales buscan alimento, establecen jerarquías, se ordenan comunitariamente, se aparean y reproducen. Evitar la demarcación de un territorio implicaría eliminar la competencia por las parejas y por los alimentos. Generalmente las ciencias sociales han dado por descartado que también es inherente a las organizaciones humanas el establecimiento de un territorio propio, de lo cual habría derivado la búsqueda de la propiedad. Sin embargo, algunos antropólogos han averiguado que sociedades humanas nómadas y seminómadas sólo buscan la delimitación territorial en lo que ocupan transitoriamente, a diferencia de las sociedades sedentarias de Occidente que desarrollan la búsqueda de la propiedad también sobre territorio no ocupado (Juliano, 1984).

Es precisamente el lenguaje el que permite la representación del espacio, la adscripción, la identificación a partir de él y la significación (Duncan, 1993). El significado de los espacios es un continuo cultural modificable, generalmente independiente de coyunturas, aunque sí supeditado a momentos de conflicto sociocultural. El espacio urbano concebido como espacio compartido, no ha sufrido importantes cambios en los últimos siglos. Sigue siendo espacio de la vecindad, de formalización semántica sobre referentes reconocidos colectivamente, independientemente de delimitaciones sensoriales (Hall, 1973: 1989). *Santa Rosa* es una *ciudad*, pero por lo que *ciudad* significa en una llanura llamada *pampa*. Los significados de *pampa* y de *ciudad*, sin embargo, no se originan en *Santa Rosa*.

Quizás una de las visiones más ajustadas respecto a esta concepción ha sido la que ha proporcionado el investigador palestino Edward Said, visión que tiene su relación con las conclusiones de este trabajo. El trabajo de Said (Said, 1990 [1978]) es una interesante reflexión acerca de la gestación y consolidación de la idea de «Oriente» como un espacio definido desde el mundo europeo. Nos encontramos —y volvemos al principio de esta conclusión—

en un texto que se centra en problemas de representación y que debate cuestiones sobre el problema del conocimiento. Said afirma, precisamente, su «necesidad de aclarar al referirnos al discurso cultural y al intercambio dentro de una cultura, que lo que comúnmente circula por ella no es 'la verdad' sino sus representaciones.» (Said, 1990: 42). La tesis de Said se basa en dos postulados:

«A partir de mediados del siglo XVIII hubo dos elementos principales en las relaciones Este-Oeste: uno fue que Europa adquirió unos conocimientos sistemáticos y crecientes acerca de Oriente que fueron reforzados por el choque colonial y por el interés general ante todo lo extraño e inusual que explotaban las nuevas ciencias, como eran la etnología, la anatomía comparada, la filosofía y la historia; además, a este conocimiento sistemático se le añadió una considerable cantidad de obras literarias producidas por novelistas, poetas, traductores y viajeros de talento. El otro elemento que marcó estas relaciones fue que Europa mantuvo siempre una posición de fuerza, por no decir de dominio» (Said, 1990: 62-63).

El problema básico de tal representación del Oriente pasa, para Said, por el hecho de la influencia que tuvo para el propio Oriente. «Como cualquier conjunto de ideas duraderas, las nociones orientalistas influyeron en aquellos a los que se denominaba orientales, así como en los llamados occidentales o europeos. En resumen, el orientalismo se puede comprender mejor si se analiza como un conjunto de represiones y limitaciones mentales más que como una simple doctrina positiva.» (Said, 1990: 65). De esta manera, se ha creado una nefasta forma de pensamiento, traducida en la creación de un vocabulario, un conjunto de imágenes y estereotipos que no por falsos carecen de valor. Said afirma, con razón, que «después de todo, un sistema de ideas capaz de mantenerse intacto y que se ha enseñado como una ciencia desde 1848 hasta el presente en EE.UU. debe ser algo más grandioso que una mera colección de mentiras.» De hecho,

«la práctica universal de establecer en la mente un espacio familiar que es 'nuestro' y un espacio no familiar que es el 'suyo' es una manera de hacer distinciones geográficas que pueden ser totalmente arbitrarias. Utilizo la palabra 'arbitrario' porque la geografía imaginaria que distingue 'nuestro territorio y el territorio de los bárbaros' no requiere que los bárbaros reconozcan esta distinción. Hasta cierto punto, las sociedades modernas y primitivas parecen así obtener negativamente el sentido de su identidad. A las fronteras geográficas le siguen las sociales, étnicas y culturales de manera previsible» (Said, 1990: 80).

Aun a pesar de las grandes diferencias existentes, algo similar podría decirse de la *pampa*. Más allá de la «verdad» que se hace circular sobre ella en la cultura rioplatense, está su representación. Su representación como mundo rural, pastoril, alejado, desindustrializado que debe, justamente por esto, organizarse «necesaria» y «obligatoriamente» como un mundo urbano. Esta representación, lo mismo que el Oriente, pareciera estar más allá de ejercer influencias teóricas o debates de academia. ¿Hasta que punto no condiciona la concepción doméstica, vulnera elementos de la cultura, relativiza valores y altera la vida cotidiana en cuanto se dirige a apuntalar la adscripción espacial de quienes, como los santarroseños, se dice que son *pampeanos* y se dice que deben ser *urbanos*, independientemente de sí mismos?

13.2. Urbanos y no urbanos

Una de las conclusiones más directas de este trabajo ha sido el establecer la validez de relacionar el discurso urbano con un espacio, en apariencia, no urbano. ¿Cuál ha sido la idea de discurso urbano que se ha desprendido, en este sentido, de este trabajo y que ha permitido esa relación?

He partido de afirmar que el discurso urbano determina la constitución de la representación del espacio a través de la definición de grupos informales, la interacción de los mismos y las constituciones de discursos dominantes. Existe por lo tanto una multiplicidad de representaciones del espacio urbano, que no dependen del número de hombres que las habitan sino del número de grupos de hombres constituidos a partir de vivir en la ciudad una experiencia urbana común (Barthes, 1991 [1967]: 57).

La representación de una ciudad se reconoce como tal en tanto se diferencian en ella grupos que interactúan entre sí a partir de la necesidad práctica de convivir. De hecho, no puede pensarse en la existencia de un ámbito social urbano sin reconocer la interacción de los grupos sociales. La experiencia urbana se desarrolla en la convivencia de los grupos. Es en la convivencia en la ciudad donde los grupos buscan su identidad, interpretan la sociedad e intentan imponerse para satisfacer sus expectativas (Gaggiotti, 1991). ¿Qué identificación se ha podido hacer de los grupos que controlaron y controlan o buscaron controlar el discurso urbano santarroseño? Se ha visto la actuación de esa élite local de Santa Rosa alrededor de constructores, pequeños empresarios y comerciantes. Aunque podría parecer paradójico, los propietarios de tierras, hacendados o agricultores no constituyeron la mayoría de aquellos que repetían o impulsaban este discurso. El proyecto de una *pampa urbana* radial con un centro en Buenos Aires necesitó para instrumentarse un despliegue cultural e ideológico basado en la creación de burguesías locales «urbanas», y no sólo de aquellos que la instrumentaban y le daban sustento económico y que eran, en realidad, los terratenientes y ganaderos.

Para el caso estudiado se concluye que el *discurso urbano* se compone por aquel discurso posible de producir a partir de aquellos textos que se ocupan de un sujeto, la *ciudad* y de aquellos términos que forman parte de su área semántica. Pero se habrá advertido que lo que se llama «urbano» en este sentido se debe no sólo a este (gran) discurso urbano sino a lo que se ha definido como una *red de discursos*.

Esto se produce dado que los distintos términos que componen el área semántica de *ciudad* para el caso de Santa Rosa, son, a su vez, sujetos sobre los cuales se producen textos con los cuales es posible producir un sinnúmero de discursos que permiten determinar la organización de más de un grupo en torno a ellos. Es decir que los grupos santarroseños se conformaron con un propósito, y gestaron discursos en torno a sujetos diversos, discursos que pudieron o no mantenerse y que no significaron la identificación permanente de los integrantes del grupo ni su conformación permanente para otros fines. Alguien-algunos-todos aquellos de un grupo, formaron parte de otros grupos para otros objetivos competitivos dentro de la lucha por el liderazgo en el mundo social y sociocultural urbano.

La determinación de los discursos organizadores de los grupos y conformadores de «ese» discurso urbano, en tanto este se entiende como creador de la entidad que en este trabajo he llamado *ciudad* (entidad que, justamente, debe ser trascendente a las luchas de los grupos por espacios limitados del mundo urbano), tiene el propósito de definir aquellos grupos que contribuyen a la formación de la entidad y, por lo tanto, implica la necesidad de excluir aquellos discursos que, si bien son propios de la interacción, son determinantes de una parte mínima, circunstancial y superficial de la conformación de la entidad *ciudad.*

Esto me ha permitido distinguir discursos «determinantes» de discursos «pasajeros», limitar el análisis del corpus a los discursos específicos del proceso de conformación del discurso urbano. Se ha concluido que puede, por lo tanto, dejarse de lado aquellos discursos que, si bien se reiteran en el uso y demuestran un interés definido de ciertos grupos por su utilización —que siempre se expresa de manera explícita en los textos—, no contribuyen, justamente por ser estos una utilización consciente y explícita, al análisis. El decidir hablar de Santa Rosa y crear un texto en torno a ella generalmente oculta la construcción del espacio que se quiere imponer.

De hecho, analizar su utilización significa interpretar la representación del espacio urbano según la voluntad particular de los grupos. Se puede «correr el riesgo» de circunscribir una investigación sobre el espacio a la delimitación de la *ciudad* superficial de los textos intencionales que los grupos crean en su interacción y definen según intereses pasajeros en comparación con la conformación de la entidad urbana que están creando. Es decir, tomar la ciudad según la perspectiva de grupos «enunciadores» según una única interpretación de los sentidos de las palabras que estos utilizan para la definición de la *ciudad* y de los otros términos que componen su área semántica. Este último tipo de análisis ha sido común en los investigadores que han hecho incursiones en la problemática urbana, generalmente sociólogos, desde el análisis de los textos producidos en la ciudad, siguiendo una tendencia muy arraigada en los historiadores de considerar la existencia de una cierta «transparencia» semántica de los textos. Creo que el caso de Santa Rosa puede servir para disuadir acerca de la validez de estos análisis. Como señala Goldman:

> «La relación que tradicionalmente el historiador establece con la lengua postula implícitamente la evidencia del sentido desde la perspectiva del receptor y una cierta transparencia de las 'palabras' desde la posición del enunciador. El historiador posee una tendencia a detenerse únicamente en el léxico. El peligro —señala R. Robin— de sobrevalorar la importancia del léxico sin informarse lo suficiente sobre los problemas de la sintaxis y de la semántica, y sin tener en cuenta toda la complejidad del status de la palabra en el discurso, conduce qeneralmente a definir la posición política de una persona sólo por su vocabulario. Se borra de esta manera el juego de las opacidades que hizo decir a Marx que a los hombres no se los juzga por lo que dicen de ellos mismos sino por lo que son. Así, la aparición de palabras de un léxico de izquierda resulta suficiente para ubicar a un discurso como de izquierda» (Goldman, 1989: 36).

También historiadores y urbanistas han estudiado la percepción del fenómeno urbano desde esta perspectiva, considerando la *ciudad* por las expresiones de textos que los grupos elaboraban para, justamente, referirse a la ciudad. Esto «significó» pensar la ciudad como una entidad no trascendental a los grupos, limitada, determinable y modificable en plazo breves y, por lo tanto, independiente de los fenómenos culturales de la sociedad. Mucho de los análisis de urbanistas y paisajistas apuntan a considerar una ciudad independiente y condicionada, que, por ejemplo, puede «planificarse» en lo edilicio para «determinarse» en lo social y en lo cultural.

Ante esta disyuntiva de analizar textos transmisores de una ciudad que aparece como intencionada y textos que incluyen lo urbano como elemento de incorporación inconsciente en la elaboración del discurso y, por lo tanto, representativo de lo sobreentendido, lo divulgado y lo conocido como referente común por la cultura, nos hemos preguntado en este trabajo por un caso particular, el del mundo urbano del espacio pampeano. ¿Qué discursos pueden producirse y a partir de qué textos que sean representativos de la gestación de lo urbano en relación a la representación del *espacio pampeano*? ¿Hasta qué nivel debe llevarse la limitación de los sujetos para que la selección permita la producción de discursos que posibiliten el análisis de la conformación de la *ciudad* y la *pampa*?

Para los santarroseños, la denominada *pampa* no sería una creación cultural «rural» sino el producto de una circulación de representaciones liderada por un centro (Buenos Aires) con un gran dinamismo para la adopción de elementos que circulan desde un centro hacia una periferia. Quedaría definido así para ellos el *espacio pampeano*, tal cual se cristaliza, en una mínima expresión corriente, *pampa*, y, a la vez, en una expresión identificatoria usada en la Argentina, esto es, en la creación de (un nombre de) una provincia, *La Pampa*, referente, si se quiere, de identificación colectiva poderoso en un país sujeto a, por un lado, una altísima movilidad migratoria y, por otro, a una metrópoli concentradora de una población del más variado origen sociocultural, sociopolítico y socioeconómico.

También queda definido el *espacio pampeano* según se asocia a un *desierto*, registro sociolingüístico de carácter polisémico, de alto aprovechamiento para, entre otros, el discurso historiográfico; igualmente, a un *oeste*, un «organizador» mayor del espacio mental colectivo; finalmente, con el vínculo que se ha establecido entre el *espacio pampeano* y una *frontera* como concepción de un límite del mundo y de la civilización y las (aparentes) contradicciones que se derivan de que ese mundo fronterizo no sea (justamente) el *espacio pampeano*, todo lo cual deriva en una construcción fuertemente dicotómica del espacio.

El *espacio pampeano* queda constituido como un objeto intelectual de la historia sociocultural de la llanura que puede ser interpretado en un doble juego de relación temporal y espacial.

He puesto énfasis en que la representación del *espacio pampeano* nace y renace especialmente en aquellos momentos de conflicto. ¿Conflicto social, conflicto político, conflicto económico? Conflicto sociocultural —he sostenido aquí—, es decir, ese momento en que en ese doble juego temporal y espacial al que me he referido, se produce en una ciudad una tensión que lleva a la necesidad por *decir* el espacio. Y es aquí donde aparece el fundamento para la decisión de un procedimiento y una técnica que lleve a decidir por «nuestros textos», como un producto más de ese momento de tensión: se ha optado aquí por cualquiera de ellos, independientemente de las formas narrativas en general y narrativas del pasado en particular y lo mismo en el texto que yo mismo he construido, en el que he buscado no narrativizar el pasado, en palabras de H. White:

> «Tocqueville, Burckhardt, Huizinga y Braudel, por citar sólo a los maestros más señalados de la historiografía moderna, rechazaron la narrativa en algunas de sus obras historiográficas, presumiblemente a partir de la suposición de que el significado de los acontecimientos que deseaban relatar no era susceptible de representación en modo narrativo. Se negaron a contar una historia del pasado o, más bien, no contaron una historia con etapas inicial, intermedia y final bien delimitadas; no impusieron a los procesos que les interesaban la forma que normalmente asociamos a la narración histórica. Si bien es cierto que narraban la realidad que percibían, o que pensaban que percibían, como existente en o detrás de la evidencia que habían examinado, no narrativizaban esa realidad, no le imponían la forma de un relato. Y su ejemplo nos permite distinguir entre un discurso histórico que narra y un discurso que narrativiza, entre un discurso que adopta abiertamente una perspectiva que mira al mundo y lo relata y un discurso que finge hacer hablar al propio mundo y hablar como relato.» (White, 1992: 18)

Volviendo a los posibles vínculos que la investigación realizada en este trabajo pueda tener con las formas locales de la identificación, se ha advertido que esta «cristalización» que se produce de una expresión identificatoria usada en la Argentina, no puede compararse con expresiones semejantes usadas en este país con propósitos similares. Decir *santarroseño* no es «lo mismo» que decir «porteño» o «cordobés» y constituye una referencia de difícil utilización en un ámbito en el que la mayoría de sus habitantes se consideraban vinculados identificatoriamente con *pampa*. Decir *pampa* todavía hoy en día no ha cristalizado en una representación estabilizada en la cultura local santarroseña y mucho menos se «cristalizaba» en las ciudades del borde de la llanura cien años atrás. Se podría afirmar que no existen evidencias textuales de esos años que permitan suponer un acuerdo colectivo, no solamente en su utilización como referente identificatorio sino también como noción relativamente definida.

En este sentido, se ha soslayado deliberadamente un punto en este trabajo: el de la relación entre la toponimia indígena y la adscripción espacial. Como puede advertirse de una lectura de los textos del corpus y el acervo, los nombres araucanos con que se nombraron ciertos espacios del borde de la llanura, casi no existen en relación a los términos que representan el proyecto de urbanizar la *pampa*.

Esto se debe a que la terminología indígena persistente, fundamentalmente nombres propios y topónimos fue una reutilización por parte de aquellos que se encargaron, local y extralocalmente, de llevar adelante el proyecto de una *pampa urbana*. Una forma de demostrar, una vez más, su dominio, su control y su capacidad de incorporación de ciertos elementos culturales del conquistado, utilizándolos para nombrar hoteles, calles o divisiones políticas en el interior de los espacios de dominados.

13.3. ¿Hay ciudades periféricas?

¿Cuál es el balance final, entonces, para la construcción de *Santa Rosa* y de la *pampa*? Por otra parte, ¿es necesariamente la representación de un espacio marginal una característica negativa en la conformación de un espacio urbano?

Durante los años que van entre 1904 y 1910 hasta 1942, período de cambios político-administrativos y de conmemoraciones, el mundo santarroseño se asociaba a lo que se ha considerado en otros casos como la creación de los primeros mitos fundacionales urbanos (Fisher, 1989), la «fundación» de la *pampa* y había textos que creaban una indefinición entre cuán urbanos o cuán *espacial-pampeanos* eran los orígenes que se procuraban fundar. Independientemente de ello, se corrobora que las explicaciones fundacionales aparecían pautadas, en el léxico, con *pampa* y *La Pampa* y, en la argumentación que sostenían, mediante la asociación entre palabras como *gobierno* y *ferrocarril*. Se actualizaba así la definición de *pampa* mediante la asociación «La Pampa»-«territorio» por intermedio de la palabra *capital*. La representación del espacio hacía responsable a un «hacedor-fundador» como máximo responsable de una *Pampa* «Territorio»-«ferrocarril». En esta relación se utilizaba *pampeano*, que modificaba otras palabras, como *pueblo*, lo que reafirmaba, así, la necesidad de una fundación urbana de la *Pampa*, la cual se decía que era posible sobre la base de una argumentación que se reiteraba en los textos: la necesidad de concentración de población.

Podría parecer que esta idea de constante dependencia con respecto a la llegada de población o de servicios, siempre destacada por los textos —incluso hasta la actualidad—, y que presumiblemente habría incidido en la representación de lo local de manera dramática, se contradice con el desarrollo urbano que la ciudad iba alcanzando y que los propios habitantes experimentaban —el *progreso*, el cambio, las reformas edilicias permanentes (capítulos VII y VIII)—. Si se tienen en cuenta algunos indicadores parciales más recientes de la vida en Santa Rosa y de otras ciudades de la llanura, la vida en esta ciudad se asemeja más a este mundo experimentado que a ese mundo representado en el discurso urbano santarroseño. Bastante lejos están y estaban la *pampa* y *Santa Rosa* de aquel lugar inseguro, impredecible y peligroso que con tal maestría se construyó en o en respuesta a Buenos Aires.

Una relación de este tipo debe, sin embargo, relativizarse, de la misma manera que se relativizan los datos macroeconómicos o demográficos a la hora de explicar estándares de vida, desarrollo social y nivel de marginalidad de las sociedades. Sin embargo, es importante que este tipo de relación se realice, en tanto da complejidad al análisis de lo estrictamente sociocultural y permite explicar las causas de sus orígenes y desarrollo lo que, sin estas consideraciones, podría conducir a conclusiones equivocadas: Santa Rosa no *es* un mundo marginal de Buenos Aires, sino que *fue representado* largamente como tal, y esta representación difícilmente puede comprobarse a partir de indicadores demográficos y económicos.

Hace unos diez años en Santa Rosa sólo el 26,9 por ciento de la población carecía de asistencia social, guarismo que se ubicaba por debajo de lo que sucede en el Gran Buenos Aires, Gran Córdoba, Mar del Plata, Gran Santa Fe y Gran Río Cuarto, donde el

33,3, el 35,7, el 28, 8, el 29,9 y el 30,6 por ciento de la población, respectivamente, no la poseía. Sólo el Gran Paraná, con un 23,9 por ciento de población con asistencia social se destaca con respecto a Santa Rosa, que se ubica muy por debajo del promedio general, 28,7. Algo similar sucede con respecto al porcentaje de población sin estudios primarios o analfabetos. En Santa Rosa, el 10,5 de la población no posee estudios primarios, mientras que el 1,7 por ciento es analfabeta. Estos indicadores son muy parecidos a los del resto de la llanura urbana no metropolitana en la que, de promedio, el 10,45 por ciento de la población no posee estudios primarios, mientras que el 1,95 por ciento es analfabeta, porcentaje algo mayor, incluso, al de Santa Rosa.

Por otro lado, y aun a pesar de correr el riesgo de caer en un error de apreciación si se adopta una perspectiva exclusivamente macrosocial para entender el espacio urbano, Santa Rosa de hecho sorprende por su desarrollo material. La ciudad ha incrementado fuertemente su expansión edilicia y consolidado su red circulatoria a lo largo de toda su historia urbana. Su designación primero como cabecera departamental (1898), luego como capital del territorio (1900) y finalmente como capital de la provincia de La Pampa (1951), produjo un conjunto de fuertes inversiones en obras públicas ligadas a la burocracia gubernamental y nacional, inversiones y obras que crecieron ininterrumpidamente casi desde el momento de su fundación. Pocos años después de que terminara el período sobre el que he trabajado aquí (1946), Santa Rosa ocupó el tercer lugar en cuanto a cantidad de edificios en construcción entre todas las ciudades de Argentina (1954) (Stieben, 1958: 56).

Pero es cuando se considera Santa Rosa desde una perspectiva social relacionada con la materialidad de su mundo físico doméstico cuando podría uno más sorprenderse por su desarrollo. Aun a pesar de su escasa o nula actividad productiva local y su fuerte dependencia del sector terciario, en 1991 casi el 90 por ciento de los hogares particulares santarroseños eran de clase A, es decir, del máximo nivel constructivo.[1]

---

[1] Censo 1991.

Por otra parte, la sociedad santarroseña ha adoptado formas de comportamiento típicos de sociedades urbanas desarrolladas. A diferencia de otras ciudades argentinas y latinoamericanas de similares dimensiones, la sociedad santarroseña utiliza normas de limpieza, apoya las reiteradas y costosas reformas de sus espacios públicos, invierte en servicios que necesitan de un acuerdo contributivo importante —como iluminación pública, plaza central y vías de circulación— y decide un sinnúmero de inversiones, que podrían pensarse desproporcionadas en relación a su capacidad recaudatoria —un parque acuático, dos cinturones de circunvalación a la ciudad, la culminación de una onerosa remodelación de la iglesia catedral—. El que la avenida central de la ciudad fuera remodelada por completo en tres ocasiones en menos de 20 años casi exclusivamente por motivos estéticos, o que su plaza central se rehiciera a nuevo en tres ocasiones durante su historia urbana (100 años), son una muestra de tal consenso.

¿Hasta que punto podría decirse, entonces, que la construcción y representación del espacio urbano propio (*Santa Rosa-La Pampa*) como marginal de Buenos Aires ha correspondido con el desarrollo urbano de Santa Rosa, no sólo de los años estudiados aquí, sino de los inmediatamente posteriores? No puede decirse que esto se deba a que la *pampa* en particular y la Argentina en general hayan experimentado un desarrollo singular luego de 1946, más bien todo lo contrario. Una larga crisis, no sólo política, sino también económica y social, iniciada en los años treinta, provocó una larga decadencia posterior del mundo rioplatense. Mientras que desde fuera del Río de la Plata, la Argentina y la *pampa* dejaban de ser ese mundo tan conocido y prometido de la inmigración, el futuro y la riqueza, Santa Rosa seguía creciendo y desarrollándose, aunque sin dejar de representarse como un espacio marginal y dependiente.

Si uno se circunscribe a los datos estadísticos acerca de su población, el resultado no puede ser más elocuente. Se deba o no a sus características marginales o a su fuerte dependencia de Buenos Aires, las ciudades de La Pampa en general y Santa Rosa en particular son consideradas como puntos importantes a los cuales emigrar o en los cuales desarrollar un vida urbana con posibilidades. Baste señalar que el crecimiento poblacional urbano, tomando en cuenta las 5 ciudades más importantes del área, alcanzó de promedio el 44,3 por ciento entre 1980 y 1991, crecimiento que se debió, en gran medida, a la afluencia de población.

Puede ser que una respuesta a esta aparente contradicción entre los cambios sufridos por la llanura y la constante representación del espacio establecida desde Santa Rosa, no obedezca a la necesidad de establecer una mímesis con respecto a la *pampa* en general y a Buenos Aires en particular. Una estrategia de los grupos informales de la ciudad que, de hecho, parece haber tenido sus ventajas. Una cierta «estandarización» del comportamiento urbano en la llanura ha hecho de Santa Rosa un espacio perfectamente reconocible y conocido, igual a cualquiera de los otros centros urbanos intermedios. De hecho, al menos esto parece verificarse en aquellos que provienen de Buenos Aires y su entorno. En 1991, casi la mitad de los inmigrantes a La Pampa provenían de allí, cifra que alcanza el 55,3 por ciento si se suman los provenientes de otros lugares de la llanura. Santa Rosa es una *ciudad pampeana*, con todo el significado que la llanura ha venido acuñando tanto como para lo que significa una *ciudad* como para lo que es una *pampa*.

Por otro lado, esa mímesis también ha sido explotada a la hora de mostrar una imagen local hacia afuera, tanto hacia Buenos Aires (con el objeto de acceder a la provincialización, por ejemplo) como hacia el exterior. Como se ha demostrado en este trabajo, desde muy temprano en la historia de Santa Rosa, la asociación entre *pampa* y *Pampa*, promovida desde Buenos Aires, debía, forzosamente, transformarse en elementos de un discurso local posible de ser aprovechado extralocalmente, lo que se asoció a la relación entre *Santa Rosa-capital* y *Santa Rosa-Santa Rosa de Toay*.

El uso de *La Pampa* en relación con *Santa Rosa* no ha estado desprovisto de cierto conflicto. En *Santa Rosa*, las referencias a *La Pampa* se han usado, por lo general, para designar al *Territorio Nacional* o a la *Provincia*, es decir para apelar a una división administrativa del país. Desde fuera de Santa Rosa se ha usado, en general, para designar la *región pampeana*. La principal consecuencia ha sido que todo lo que desde Buenos Aires se ha referido a *la pampa* o a *La Pampa*, en Santa Rosa se ha considerado como referencias al lugar propio. Cuando en Buenos Aires se hablaba de *los indios de la pampa*, en alusión a la presencia indígena de la llanura (y en

especial aquella anterior a la conquista militar de 1879), en Santa
Rosa se ha considerado que se aludía a *La Pampa* y, por añadidura,
a ella en cuanto capital, asociándola a un mundo indígena con el
cual no quería ser confundida; cuando en Buenos Aires se decía
que *la pampa tiene el ombú*, en Santa Rosa no han faltado voces
que han negado la existencia de este árbol, como si la referencia
hubiera sido hecha a *La Pampa* en lugar de a *la pampa*.

Quizás la manifestación más actual de la permanencia y consolidación definitiva de este elemento en la cultura urbana santarroseña sea que comienza a verse en los ámbitos de decisión sobre lo
público y en las iniciativas privadas una utilización consciente de
estos elementos. Empresas turísticas locales, por ejemplo, utilizan
el hecho de la proximidad de Santa Rosa con respecto a Buenos
Aires —recuérdese que la separan «sólo» 620 kilómetros—, y caracterizan la zona como un ámbito ruralizado, *típico de tango y
folklore* donde es posible participar de *fiestas gauchas, asados, platos
regionales y repostería criolla.*[2] El Gobierno de la Provincia de La
Pampa, por su parte, fundamenta su política turística en la asociación *pampa-Pampa*, sin ningún tipo de aclaración particular:

«De todas las palabras que se relacionan con la República Argentina, pampa es el vocablo que mayor trascendencia tiene en todo el
mundo. Ubicada en el corazón del país La Pampa no es solamente
la región natural más importante de Argentina sino también un
estado federal de características variadas y particulares.»[3]

Incluso el gobierno provincial no tiene reparos en asociar, de
cara a la explotación turística extranjera, la concepción cierta de
que, hacia afuera de la Argentina, el poblador de este borde de la
llanura —como se ha visto, mayoritariamente urbano, extranjero
y reciente— es en realidad el mítico *gaucho*:

«Pero, detrás del paisaje, está el hombre. Entre nosotros, ese hombre se llama gaucho y es la síntesis del argentino.»[4]

---

[2]   Estancia Villaverde 1996.
[3]   Dirección provincial de Turismo de La Pampa 1992.
[4]   Ibíd.

Pero no son las asociaciones *pampa-Pampa* y *poblador-gaucho* los indicadores más evidentes de este discurso. Quizás la muestra más palpable sea la manifestación de la conciencia de que la mejor forma de aprovecharse de él es a partir de que *La Pampa* y *Santa Rosa* se consideran espacios perfectamente reconocibles y conocidos:

> «Pero, no conviene imaginarse una tierra salvaje y despoblada. Los 110 años transcurridos desde la fundación del primer pueblo pampeano han bastado para construir una dinámica poblacional, una estructura social, una cultura. Cualquier ciudad pampeana ofrece las mismas comodidades de una gran urbe con la ventaja de que haciendo unos pocos kilómetros se accede a un mundo de recóndita belleza, salvaje y natural.»[5]

Demás está decir que la *gran urbe* de la que hablaba recientemente el gobierno de La Pampa es Buenos Aires. Una aceptación definitiva de esa marginalidad que *se ha dicho* durante la historia urbana santarroseña, podría decirse, pero, más allá de una *mímesis* o *rechazo* o de una *actitud paradigmática*, como sucedía en otros tiempos (Ver capítulo VIII). Una nueva vocación de aprovechamiento y, por lo tanto, de aceptación de una situación que, por su propio peso y por sus resultados, ya se estigmatiza por evidente y, finalmente, sobrepasa el discurso urbano para mostrarse en la superficie del texto.

Si hubiera que determinar una consecuencia en las prácticas urbanas santarroseñas de esta creación del espacio que se ha descrito aquí, debería decirse que estos procesos sociohistóricos y socioculturales del mundo pampeano han hecho que este siga siendo considerado exclusivamente como un mundo rural por aquellos grupos informales que inciden en la representación del espacio. De hecho, en el día de hoy, es difícil para un científico social argentino y mucho más para un extranjero, considerar al mundo pampeano como urbano, independientemente de indicadores claros que señalan lo contrario, por ejemplo, que para el caso de la provincia de La Pampa, —recordemos que se trata de la zona

---

[5] Ibíd.

más marginal de la llamada *pampa*— sólo el 10,8 por ciento de
la población estimada en 1995 se consideraba rural, mientras que
en 1951 lo era el 39,5.[6] En este trabajo he tratado, por lo tanto,
de aportar ciertas ideas útiles para reconsiderar esa representación
condicionada e intencionada, «leyendo» entre los textos más que
aceptando o repitiendo lo que dicen.

Pero, además de corroborar y clarificar la constitución del mundo urbano marginal de la llanura, me ha movido la intención de
mostrar la formación de una sociedad urbana en medio de este
conflicto de representaciones y sugerir una explicación de cuan
ventajoso o desventajoso no sólo ha sido, sino que puede ser, para
el caso de Santa Rosa, su constitución como una sociedad de ese
tipo. Lejos de caracterizaciones más o menos ajustadas, una sociedad se seguirá vinculando con la representación, propia o externa,
que se haga de su espacio y esta representación ha cambiado en el
tiempo no sólo en la historia de la llanura sino fuera de ella.

Desde este punto de vista, podría ser que la forma de representar
el espacio pampeano desde Santa Rosa como un espacio marginal
de Buenos Aires ha sido quizás una estrategia que se instrumentó
desde el mundo local para garantizar su subsistencia y desarrollo
a la sombra de un espacio metropolitano de magnitudes incom-
parables. Una estrategia que se advierte en su magnitud discursiva,
en sus prácticas sociales y políticas y que puede relacionarse con
implicaciones prácticas de la vida local que parecen tener vínculo
con ella, y que puede ser importante en el futuro. ¿Hasta qué
punto el mantenimiento de esta estrategia no implicó e implica la
falta de una propuesta mejoradora para Santa Rosa y, como ella,
del resto de ciudades da la llanura pampeana? ¿Creerán los santarroseños y otros vecinos de las «pampas» que la representación de
ese espacio que han instrumentado en los primeros 50 años de sus
vidas urbanas —y parece que siguen instrumentando— seguirá
siendo válida en un futuro?

Los profundos cambios sufridos en el país y las crisis políticas y
económicas que sacudieron la Argentina a finales de 2001 y 2002,
luego de mi finalización de trabajo de campo con los santarrose-

---

[6]   Provincia de La Pampa. Dirección General de Estadística y Censos de 1995
y 1951.

ños, no parecen indicar otras prácticas, otra forma de entender y practicar lo urbano que aquella definida y pautada en la infancia de la ciudad y por la cual ser santarroseño no puede ser construido independientemente de la llanura y del puerto que organiza la ciudad, ya no económicamente, sino ideológicamente.

Si esta construcción del espacio rioplatense efectivamente se mantiene, puede ser que se constituya en una explicación del mundo de la llanura en general y de Santa Rosa en particular que quizás explique, en parte, la práctica urbana y la concepción y representación que la sociedad de la llanura gesta y gestó de su espacio. Quizás, el hombre de la llanura y el santarroseño no tenga una percepción del espacio alternativa a la que se ha construido desde o a partir de Buenos Aires. Puede ser que las palabras usadas en Santa Rosa para referirse al espacio y lo que los santarroseños ponen en práctica en su vivir y decir muestren que para el santarroseño es «natural» que así sea, es decir que la comprensión del proceso por el cual organiza y decide qué hacer para organizar ese espacio en el que vive, ha sido y es siempre hecho a partir del convencimiento de su relación con ese mundo de Buenos Aires. Demás está decir que el mundo de Buenos Aires también pudo haber sido construido extralocalmente. De hecho, la tradición historiográfica rioplatense siempre ha consensuado esta visión de construcción extralocal de su mundo. Se tratarían, entonces, de construcciones sobre construcciones, representaciones sobre representaciones que finalmente condicionarían la vida urbana local.

Bibliografía

ABE2. Bodas. *Bodas de Brillantes de la Escuela Número 2*, 1893-1968, Pueblo y escuela.

ABE2. Mason, T. s/f. *Carta personal.*

ABE2. Papeles. *Papeles relativos a la fundación y actos conmemorativos de la Escuela N. 2.*

AHPP. 1944. *Los primeros 50 años de la Asociación Española de Socorros Mutuos.* Santa Rosa, La Pampa, 4.10.1894-4.10.1944. Santa Rosa, Talleres Gráficos Casa Porta.

AHPP. Colombato, F. B. de 1941. *F. B. de Colombato a la Comisión Popular Pro Cincuentenario de Santa Rosa.* Santa Rosa, Papeles reunidos por la Comisión Popular Pro Cincuentenario de Santa Rosa.

AHPP. Elección 1894. *Elección para cinco Municipales y Juez de Paz del Segundo Departamento de la Pampa Central.* Archivo fotográfico.

AHPP. Monnier, J. 1939 (1938). *Juan Monnier a la población de la ciudad de Santa Rosa.* Suiza, Municipalidad de Santa Rosa, Exp. 240, M.

AHPP. *Santa Rosa, Álbum fotográfico.*

AHPP. *Santa Rosa, Carpeta Pueblo.*

AHPP. Schmidt de Lucero, E. *Crónica de la fundación del Colegio N. 2*, en ABE2.

AHPP. Societá Patria e Lavoro. *Papeles varios.*

Alberdi, J.B. 1943 [1852]. *Bases y puntos de partida para la organización política de la República Argentina.* Buenos Aires, Estrada.

Alsina, J. A. 1910. *La inmigración en el primer siglo de la independencia argentina.* Buenos Aires, Felipe Alsina.

Álvarez, A 1906. "Discurso", en *A record of the proceedings of the British-Argentine exhibition.* Buenos Aires, J.O. & Juan Anderson.

Alzaga, E. W. 1955. *La Pampa en la novela argentina.* Buenos Aires, Angel Estrada.

Amaral, S. 1987. "Trabajo y trabajadores rurales en Buenos Aires a fines del siglo XVIII", en *Anuario IEHS*, Tandil, Universidad Nacional del Centro de la Provincia de Buenos Aires, N. 2, p. 33-42.

AMSR. Actas. Resolución. *Actas del Concejo Deliberante de la Ciudad de Santa Rosa.*

Arcondo, A. 1980. "El conflicto agrario argentino de 1912. Ensayo de interpretación", en *Desarrollo Económico*, N. 79.

ARE 1892-1942. Suplemento Cincuentenario.

ARE, en AHPP. *La Arena* (periódico). Santa Rosa, 1933-1947.

ARE, en APLA (periódico). Santa Rosa, 1958-1964; 1976-1990.

Area, L. 1994: *El Facundo de Sarmiento o las políticas del paisaje.* Rosario, Tesis doctoral, mimeo.

Aristóteles 1973. *Física*, en Obras, Libro IV, I. Madrid, Aguilar.

Armus, D. 1984. "Enfermedad, ambiente urbano e higiene social. Rosario entre fines del siglo XIX y comienzos del XX", en Barrán, J. P. y otros 1984, p. 37-66.

Arnoux, E. 1994. *El pueblo de la plaza pública. Modelo de participación en la Historia de Belgrano de Bartolomé Mitre.* Buenos Aires, mimeo.

Asociación Vasca de Semiótica 1996. "Los relatos de los orígenes". VIII Jornadas Internacionales de Semiótica. Bilbao, Asociación Vasca de Semiótica y Departamento de Comunicación Audiovisual y Publicidad. Facultad de Ciencias Sociales y Comunicación. Universidad del País Vasco. Boletín preliminar.

Augé, M. 1993 [1992]. *Los "no lugares". Espacios del anonimato. Una antropología de la sobremodernidad.* Barcelona, Gedisa.

Austin, J. L. 1982 [1970, 1980]. *Cómo hacer cosas con palabras.* Buenos Aires, Paidós.

AUT, en AHPP. *La Autonomía* (periódico). Santa Rosa, 1915-1928.

Barrán-- y Nahum, B. 1984. "Las clases populares en el Montevideo del novecientos", en Barrán J. P. y otros 1984, p. 11-36.

Barrán, J. P. y otros 1984. *Sectores populares y vida urbana.* Buenos Aires, CLACSO (Biblioteca de Ciencias Sociales, 7).

Barros, A. 1975 [1872]. *Fronteras y territorios de las pampas del sur.* Buenos Aires, Hachette.

Barthes 1991a [1985]. *L'avventura semiologica.* Torino, Einaudi.

Barthes 1991b [1967]. *Semiologia e urbanistica,* en Barthes, R. 1991a [1985], p. 49-59.

Bartra, R. 1992. *El salvaje en el espejo.* México, Universidad Nacional Autónoma de México. Coordinación de Difusión Cultural. Ediciones Era.

BDFA (1989) 1914-1922. *Reports and papers from the Foreign Office Confidential print.* K. Bourne, D. C. Watt (eds); Part II. Series D. Latin America, 1914-1920. Vol 1: South America.

BDFA (1992) 1910-1914. *Reports and papers from the Foreign Office Confidential print.* K. Bourne, D. C. Watt (eds); Part I. Series D. Latin America, 1845-1914. Vol 9: The Latin America Republics.

BDFA 1991 (1849-1912). *Reports and papers from the Foreign Office Confidential print.* K. Bourne, D. C. Watt (eds); Part I. From the Mid-Nineteenth Century to the First World War. Series D. Latin America, 1845-1914. Vol 1: River Plate.

Biagini, H. 1989. "Las ciudades como clave de lo nacional", en Peset, J. L. 1989., Vol. II, pp. 579-592.

Billington R. A. 1960. *A history of Westward Expansion.* Nueva York, Macmillan.

Borges, J. L. 1960. Sobre el Vathek de William Beckford, en *Otras Inquisiciones.* Buenos Aires, Emecé.

Botana 1985. *El orden conservador.* Buenos Aires, Sudamericana.

Botana, N. R. 1984. *La tradición republicana.* Buenos Aires, Sudamericana.

Brown, J. 1979. *A socioeconomic history of Argentina.* Cambridge, Cambridge University Press.

CAP, en AHPP. *La Capital* (periódico) General Acha, 1897-1900; Santa Rosa, 1900-1956.

Caras y Caretas. 23.12.1899. *Semanario festivo, literario, artístico y de actualidades.* Buenos Aires, Año II, N. 64.

Cárcano, M. A. 1968 [1917]. *Evolución histórica del régimen de la tierra pública.* Buenos Aires, Eudeba.

Castells, M. 1979 (1974). *La cuestión urbana.* Madrid, Siglo XXI.

Celis Gutiérrez, A. 1988. *La representación del espacio en la pintura contemporánea.* Madrid, Universidad Complutense de Madrid.

Censo 1991. *Censo Nacional de Población y Vivienda. Buenos Aires.* Instituto Nacional de Estadística y Censos. Ministerio de Economía y Servicios Públicos.

Chartier, R. 1992. *El mundo como representación. Historia cultural: entre práctica y representación*. Barcelona, Gedisa.

Chiaramonte 1989. *La ilustración en el Río de la Plata: cultura eclesiástica y cultura laica durante el virreinato*. Buenos Aires, Punto Sur.

Chiaramonte, J. C. 1971. *Nacionalismo y liberalismo económicos en Argentina, 1860-1880*. Buenos Aires, Solar/Hachette.

CLA, en AHPP. *Clarín* (periódico) Buenos Aires, 1990-1997.

Clementi 1985. *La frontera en América. Una clave interpretativa de la historia americana*. Buenos Aires, Leviatán.

Clementi, H. 1968. *F. J. Turner*. Buenos Aires, CEAL.

Cortés Conde 1979a. "La frontera ganadera (aspectos económicos de la Conquista del Desierto)", en Academia Nacional de la Historia, Congreso Nacional de Historia sobre la "Conquista del Desierto" (General Roca).

Cortés Conde, R. 1969. "Patrones de asentamiento y explotación agropecuaria en los territorios argentinos (1890-1910)", en Jara, A. (ed) 1969.

Cortés Conde, R. y Gallo, E. 1973. *La formación de la Argentina moderna*. Buenos Aires, Paidós.

Coseriu 1987. *Competencia lingüística y criterios de corrección*. Santiago de Chile, Pontificia Universidad Católica de Chile.

Covas, R. y otros 1984. *Santa Rosa. Geografía histórica*. Santa Rosa, Municipalidad de Santa Rosa.

Czarniawska, B. 2002. *A tale of three cities. Or the Glocalization of City Management*. Oxford, Oxford University Press.

Darnton, R. 1987. *La gran matanza de gatos y otros episodios de la cultura francesa*. México, FCE.

Derrida, J. 1993. *Khôra*. París, Galilée.

Di Tella, T. S. y Halperín Donghi, T. (comp) 1969. *Los fragmentos del poder*. Buenos Aires, Jorge Álvarez.

Doering, A., Lorentz, P. y Niederlin, G. 1882 [1879]. *Informe oficial de la Comisión Científica agregada al Estado Mayor General de la Expedición al Río Negro (Patagonia) realizada en los meses de Abril, Mayo y Junio de 1879 bajo las órdenes del General Julio A. Roca*. Buenos Aires, Imprenta de Oswald y Martínez. 3 vol.

Domínguez, L. 1843. *El ombú*. Montevideo, s/e.

Duncan, J. y Ley, D. (ed) 1993. *Place, culture, representation*. Londres, Routledge.

Espace & Représentation. Pense L'Espace. 1981. Actas del coloquio Espace & Représentation. Laboratoire d'architecture N. 1, Unité Pédagogique d'Architecture N. 6, Albi.

Espaces et Sociétés 1985. Toulouse, Centre de Recherces Sociologiques., N. 47.

Estancia Villaverde 1996. *Donde el sol hace pampa*. Santa Rosa, YTC.

Ferrer Regales, M. 1992. *Los sistemas urbanos*. Madrid, Síntesis.

Fisher, S. 1989. "De l'imaginaire urbain aux représentations de la ville", en Fisher, S., Le Goff, J. y Guieysse, L. 1989, p. 12-30.

Fisher, S., Le Goff, J. y Guieysse, L. 1989. *Crisis de l'urbaine. Futur de la ville*. París, Colloque de Royaumont, RATP.

Flichman, G. 1977. *La renta del suelo y el desarrollo agrario argentino*. Madrid, Siglo XXI.

Fohlen, C. 1976. *La América anglosajona de 1815 a nuestros días*. Barcelona, Labor.

Gaggiotti 1992a. "La cultura urbana y la identificación colectiva. La gestación de expresiones de utilización cotidiana en el lenguaje coloquial ciudadano y su representación de la vida en común", en actas de las *Sextas Jornadas de Investigación de la Facultad de Ciencias Humanas de la Universidad Nacional de La Pampa*, Santa Rosa, Facultad de Ciencias

Humanas de la Universidad Nacional de La Pampa.

Gaggiotti 1992b. "Universidad y ciudad. La incidencia de la red urbana de pampa húmeda en la percepción de la universidad. La Universidad Nacional de La Pampa, Argentina.", en *IV Colloque International "L'université en Espagne et en Amerique Latine (Enjeux, contenus et images)"*. Tours, Université Francois Rabelais, Faculté de Langues, Literatures et Civilisations Classiques et Modernes, Institut d'Edtudes Hispaniques et Portugaises.

Gaggiotti 1993a. "Buenos Aires desde otra ciudad. Comparaciones desde el borde de la red urbana de llanura." en *X Jornadas de Historia de la ciudad de Buenos Aires*. Buenos Aires, Secretaría de Cultura de la Municipalidad de Buenos Aires, Instituto Histórico de la ciudad de Buenos Aires.

Gaggiotti 1993b. "Red de textos, red de ciudades", en actas de las *VII Jornadas de Investigación*. Santa Rosa, Universidad Nacional de La Pampa, Facultad de Ciencias Humanas.

Gaggiotti 1994a. *Incidencia de la composición sociocultural de la migración interna y externa en la primera organización socioeconómica de los pueblos del noreste pampeano. El caso de Alta Italia, 1916-1941*. Santa Rosa, Facultad de Ciencias Humanas de la Universidad Nacional de La Pampa.

Gaggiotti y Crochetti, S. 1993c. "Política y decisión sobre lo urbano", en *Santa Rosa, Libro del Centenario*. Santa Rosa, Municipalidad de Santa Rosa.

Gaggiotti, H. 1991. "Competencia y comparación. La conformación de la identidad urbana", en actas de las *Quintas Jornadas de Investigación de la Facultad de Ciencias Humanas de la Universidad Nacional de La Pampa*, Santa Rosa. Facultad de Ciencias Humanas de la Universidad Nacional de La Pampa.

Gaignard, R. 1989. *La Pampa argentina. Ocupación, poblamiento y explotación. De la conquista a la crisis mundial. 1550-1930*. Buenos Aires, Solar.

García, J. L. 1976. *Antropología del territorio*. Madrid, Taller.

Geertz, C. 1992 [1973]. *La interpretación de las culturas*. Barcelona, Gedisa.

GER, en AHPP. *Germinal* (periódico) Santa Rosa, 1942.

Girbal de Blacha, N. 1980. *Los centros agrícolas en la provincia de Buenos Aires*. Buenos Aires, Fundación para la educación, la ciencia y la cultura.

Goldman, N. 1989. *El discurso como objeto de la historia. El discurso político de Mariano Moreno*. Buenos Aires, Hachette.

Gori, G. 1965. *Vagos y mal entretenidos. Aporte al tema hernandiano*. Santa Fe, Colmegna.

Gorostegui de Torres, H. 1984. *La organización nacional*. Buenos Aires, Paidós.

Grize, J. B. 1978. *Logique et langage*. París, Press Universitaire de France.

Guinzburg, C. 1981. *El queso y los gusanos*. Barcelona, Muchnik.

Guy, D. 1994. *El sexo peligroso*. Buenos Aires, Sudamericana.

Hall 1989. *El lenguaje silencioso*. Alianza, Madrid.

Hall, E. 1973. "La dimensión oculta. Enfoque cronológico del uso del espacio" en *Nuevo Urbanismo* N. 6. Madrid, IÉAL.

Halperín Donghi, T. 1980b. "Una nación para el desierto argentino", en *Proyecto y construcción de una nación*. Caracas, Biblioteca Ayacucho.

Halperín Donghi, T. 1985. *La integración de los italianos en Argentina. Un comentario*, en Devoto, F. y Rosoli, G. 1985.

Halperín Donghi, T. 1987. *El espejo de la historia. Problemas argentinos y perspectivas latinoamericanas*. Buenos Aires, Sudamericana.

Halperín Donghi, T. ed. 1980a. *Proyecto y construcción de una nación.* Caracas, Biblioteca Ayacucho.

Hannerz, U. 1991. *Scenarios for peripherical cultures*, en King, A. (ed) 1991, 106-128.

Hannerz, U. 1996. *Transnational connections. Culture, people, places.* Londres, Routledge.

Hardoy, J. E. 1972a. *Las ciudades de América Latina. Seis ensayos sobre la urbanización contemporánea*, Buenos Aires, Paidós (Biblioteca de América Latina, Serie mayor, 8).

Hardoy, J. E.-- 1984. *La vivienda popular en el Municipio de Rosario a fines del siglo XIX. El censo de conventillos de 1895*, en Barrán J. P. 1984, p. 77-106.

Head, F. B. 1920 (1826). *Las Pampas y los Andes.* Buenos Aires, La Cultura Argentina (Vaccaro).

Helweg, A. 1996. *Punjabi identity. A structural / symbolic analysis*, en Pritam, S. y Thandi, S. 1996, 357-372.

Jacob, Ch. 1987. "La représentation de l'espace: projet pour une réflexion théorique", en Robin C. y otros 1987, p. 197-291.

Jitrik, N. 1978. *Muerte y resurrección de Facundo.* Buenos Aires, CEAL.

Johns, M. 1994. "The Making of an Urban Elite. The Case of Rosario, Argentina, 1880-1920", en *Journal of Urban History*, North Carolina, Sage Periodical Press, Vol. 20, N. 2, p. 155-178.

Jones 1980. *El mundo del ochenta.* Buenos Aires, CEAL.

Jones 1986 [1983] "Nineteenth Century British Travel Accounts of Argentina", trabajo presentado en el encuentro de la American Anthropology Association, Chicago, noviembre de 1983 (cuya versión más revisada fue publicada en *Etnohistory* 33 (2), 1986.)

Jones, K. K. 1984. *Conflict and Adaptation in the Argentine Pampas, 1750-1880*, tesis doctoral, University of Chicago.

Juliano 1984. "Sobre el ordenamiento temporo-espacial entre los Mapuches", en *Boletín Americanista* N. 34. Secc. Historia de América. Barcelona, UB.

Kaplan, M. 1986. *Formación del estado nacional en América Latina.* Buenos Aires, Amorrortu.

King, A. 1990. *Global cities: post-imperialism and the internationalization of London.* Londres, Routledge.

Kristal, E. 1994. "The Pampa and the Ethos of Buenos Aires", en *Seminar Imaging the city in the Americas. The formation and Display of urban identity around 1910.* The Getty Center for the History of art and the Humanities, Santa Mónica.

Lavira, A. y otros 1987. *Un perfil social en Mataderos: Criollos e inmigrantes.* Historias de Buenos Aires, año 2, n. 6. Buenos Aires, Municipalidad de la ciudad de Buenos Aires. Secretaría de Cultura. Instituto histórico de la ciudad de Buenos Aires.

Lefebvre, H. 1975 (1970). *De lo rural a lo urbano.* Barcelona, Península.

Levi, G. 1990 [1985]. *La herencia inmaterial. La historia de un exorcista piamontés del siglo XVII.* Madrid, Nerea.

Lewis, E. 1995. "Connecting memory, self, and the power of place in African American urban history", en *Journal of Urban History*, Carolina del Norte, Sage Periodical Press, Vol. 21, N. 3, p. 347-371.

López, V. F. 1896. *Manual de la historia argentina (período colonial)* por Vicente F. López. Buenos Aires, Imprenta y Librería de Mayo.

López, V. F. 1960 [1883-1893]. *Lecciones de historia argentina.* Buenos Aires, C. Casavalle.

López-Casero Olmedo 1989b. "La agrociudad mediterránea en una comparación intercultural: permanencia y cambio", en López-Casero Olmedo, Francisco 1989a, p. 15-54.

López-Casero Olmedo, F. 1989a. *La agrociudad mediterránea*. Madrid, Ministerio de Agricultura, Pesca y Alimentación. Serie Estudios.

Lynch, K. 1972. *What time is this place?* Noston, MIT Press.

Maluendres, S. 1992. "Estructura productiva y actividad comercial en Santa Rosa de Toay (Territorio Nacional de La Pampa)", en *Libro del Centenario*, Santa Rosa, Municipalidad de Santa Rosa, p. 66-76.

Márquez, M. B. de. 1941. *Carta a la Comisión Popular pro-cincuentenario de la fundación de Santa Rosa*. Buenos Aires.

Marre, D. y Laurnagaray, N. 1987. *Evolución de la gran propiedad en el Territorio Nacional de La Pampa*. Santa Rosa, Facultad de Ciencias Humanas de la Universidad Nacional de La Pampa.

Martínez Estrada, E. 1985 [1922]. *Radiografía de la pampa*. Buenos Aires, Losada.

Mason, T. 1914. *Carta de Tomás Mason al presidente de la Junta Central de la Pampa Provincia*. La Capital, Santa Rosa, 1914. Transcripción de Wálter Cazenave en "Santa Rosa, 1892-1992. Cien años. Y Santa Rosa fué..." Santa Rosa, La Arena, 1992, p. 14-15.

Mateo, J. 1993. *Migrar y volver a migrar. Los campesinos agricultores de la frontera bonaerense a principios del siglo XIX*, en Garavaglia, J. C., y Moreno, J. L. 1993. *Población, sociedad, familia en el espacio rioplatense en los siglos XVIII y XIX*. Buenos Aires, Cántaro.

Míguez, E. J. 1986. "La expansión agraria de la pampa húmeda (1850-1914). Tendencias recientes de sus análisis históricos", en *Anuario IEHS*, V. II, Tandil, Universidad Nacional del Centro de la Provincia de Buenos Aires.

Molins, W. J. 1919. *La pampa*. Buenos Aires, Establecimiento Gráfico "Océana".

Molins, W. J. 1923. *Nuestra Pampa*. Libro de Lectura. Buenos Aires, Establecimiento Gráfico "Oceana".

Monticelli, J. V. 1933. *Far-West Argentino*. Buenos Aires, Tipografía del Colegio Pío IX.

NAC, en AHPBA. *La Nación* (periódico). 1890-1897.

Ortega, J. 1985. *Para una arqueología del discurso sobre Lima*, en Morse, R. y Hardoy, J. 1985a, p. 103-112.

Panettieri, J. 1986. *Argentina: Historia de un país periférico, 1860-1914*. Buenos Aires, CEAL.

PAR, en AHPP. *El Parque* (periódico). Santa Rosa, 1942.

Peña, M. 1972. *El paraíso terrateniente*. Buenos Aires, Fichas.

Piaget, J. 1985b. *El nacimiento de la inteligencia en el niño*. Crítica, Barcelona.

Pico, P. 1968 [1928a]. *La novia de los forasteros*. Buenos Aires, Kapelusz.

Prieto, A. 1988. *El discurso criollista en la formación de la Argentina moderna*. Buenos Aires, Sudamericana.

Provincia de La Pampa. Dirección General de Estadística y Censos 1995. *Población de la Provincia de la pampa estimada al 31.12.95. Clasificada por sexos, en urbana y rural, según Departamento y localidades*.

Quesada, S. 1992. *La idea de ciudad en la cultura hispana de la edad moderna*. Barcelona, Universidad de Barcelona, Colección Geo Crítica-Textos de apoyo.

Razori, A. 1945. *Historia de la ciudad argentina*. Buenos Aires, Imprenta Lopez. 3 tomos.

Región 2005. Semanario Región. *Una ciudad que crece* (http://www.region.com.ar/productos/semanario/archivo705/srosa705.htm)

Reguera Rodríguez, A. 1993. *Territorio ordenado, territorio dominado. Espacios, políticas y conflictos en la España de la Ilustración*. León, Universidad de León, Secretaría de publicaciones.

Ricouer, P. 1971. "The model of text",

en *Social Research*, Vol. 38, 1971, p. 529-562.

Riegel, R. E. 1970. "Current ideas of the significance of the U. S. Frontier", en *Revista de Historia de América*, Princeton, UPP, vol. 33.

Rodger, Richard 1994. "La cittá britannica del diciannovesimo secolo", en *Storia Urbana* 1994, p. 261-305

Rodríguez Ostria, Gustavo y otros 1991. *Fronteras interiores y exteriores: Tradición y modernidad en Cochabamba, 1825-1917*. Cochabamba, III Coloquio Internacional Tradición y Modernidad en los Andes. Centro de Estudios Regionales Andinos Bartolomé de Las Casas, Mimeo.

Romero, J. L. 1987. *El desarrollo de las ideas en la sociedad argentina del siglo XX*. Buenos Aires, Nuevo País.

Romero, J. L. 1989. *La experiencia argentina y otros ensayos*. Buenos Aires, FCE.

Sabato, H. 1989. *Capitalismo y ganadería en Buenos Aires: la fiebre del lanar. 1850-1890*. Buenos Aires, Sudamericana (Historia y Cultura).

Sabato, H. y Romero, L. A. 1990. *Los trabajadores de Buenos Aires. La experiencia del mercado: 1880-1890*. Buenos Aires, Sudamericana.

Sabato, J. F. 1988. *La clase dominante en la Argentina moderna: formación y características*. Buenos Aires, GEL.

Sack, R 1986. *Human territoriality. It´s theory and history*. Cambridge, CUP.

Said, E. 1990 [1978]. *Orientalismo*. Madrid, Libertarias/Prodhufi S.A.

Sarmiento, D. F. 1971 [1845]. *Facundo*. Caracas, Biblioteca Ayacucho.

Sauer-Thompson, G., Smith, J. 1996. *Beyond economics. Postmodernity, globalization and national sustainability*. Aldershot, Avebury.

Schmidt de Lucero, E. 1942. *Algunos recuerdos santarroseños*. mimeo.

Schorsque, C. 1990. *Fin-de-Siècle Vienna. Politics and Culture*. Nueva York, A. A. Knopf.

Scobie, J. 1964. *La lucha por la consolidación de la nacionalidad argentina 1852-1862*. Traducción Gabriela de Civiny. Buenos Aires, Hachette.

Scobie, J. 1988. *Revolución en las pampas. Historia social del trigo argentino, 1860-1910*. Buenos Aires, Hachette.

Slatta, R. 1985. *Los gauchos y el ocaso de la frontera*. Buenos Aires, Sudamericana.

Socolow, S. 1987. "Los cautivos españoles en las sociedades indígenas. El contacto cultural a través de la frontera argentina", en *Anuario IEHS*, V. I, Tandil, Universidad Nacional del Centro de la Provincia de Buenos Aires.

Sowa y Strubelt 1992. *Territorial base for social structures*. Varsovia, Escuela Pedagógica de Varsovia. Proceedings of the Sixth Polish-German Symposium on Urban and Regional Sociology

Stieben 1958. *Manual de Geografía de La Pampa*. Santa Rosa, Casa Porte.

Stieben, E. 1946. *La Pampa, su historia, su geografía, su realidad y su porvenir*. Buenos Aires, Peuser.

Stock, B. 1993. "Reading, community and a sense of place", en Duncan, J. y Ley, D. (ed) 1993, p. 314-325.

Strauss, A. & Corbin, J. (1990). *Basics of qualitative research: Grounded theory procedures and techniques*. Londres, Sage.

Sullivan, T. 1990. *Cowboys and caudillos: Frontier Ideology of the Americas*. Bowling Green, Bowling Green State University Popular Press, 31, en Weber y Rausch (ed) 1994., Introducción, 17.

Thompson, E. P. 1995 [1991]. *Costumbres en común*. Barcelona, Crítica.

Todd, E. 1995. *La invención de Europa*. Barcelona, Tusquets.

Turner, F. J. 1958 [1893]. *The significance of the frontier in American History*. Nueva York, Henry Holt & Co.

Vapnarsky, C. y Gorojovsky, N. 1990. *El crecimiento urbano en la Argentina*. Buenos Aires, IIED-CEL, N. 11.

Velho, G. 1985. *Conformación de la cultura urbana de clase media en Brasil: una perspectiva antropológica,* en Morse, R. y Hardoy, E. 1985a., p. 195-202.

Walther, J. C. 1976. *La conquista del desierto. Lucha de fronteras con el indio.* Buenos Aires, EUDEBA.

Weinberg, F. 1960. *El salón Literario. M. Sastre, J. B. Alberdi, J. M. Gutiérrez, E. Echeverría.* Buenos Aires, Solar.

White, H 1992. *El contenido de la forma. Narrativa, discurso y representación histórica.* Barcelona, Paidós.

White, H. 1980. "The value of narrativity in the representation of reality", en Michael W. (ed) 1980, p. 1-24.

Zimmermann, E. 1993. El liberalismo reformista y la cuestión social: Argentina, 1890-1916. Tesis doctoral. Buenos Aires.